KB113971

다크투어, 내 여행의 이름

다크투어,
내 여행의 이름

양재화 지음

어떤책

어떤 것도 해결되지 않았고,

어떤 갈등도 해소되지 않았으며,

어떤 상처도 아물지 않았다.

장 아메리, 《죄와 속죄의 저편》에서

다크투어리즘이란

이 여행기는 18년 전 크리스마스 다음 날, 아우슈비츠에 다녀온 이후 시작됐다. 폴란드 크라쿠프에 있는 한 호스텔의 어둑한 백열등 아래서 침대에 앉아 그날 내가 본 것들의 의미를 곱씹던 순간부터. 그 생각의 파편들을 끄적거린, 지금은 잃어버린 노트로부터. 가슴을 짓누르는 압도적인 공포와 무기력을 떨쳐 내려 애쓰던 그 가는 노력으로부터. 아우슈비츠를 계기로 나는 세계의 제노사이드 현장에 좀 더 관심을 가지게 됐고, 여행을 하며 그러한 장소가 있으면 가능한 꼭 일정에 넣으려고 했다. 그렇게 12년에 걸쳐 틈틈이 보스니아헤르체고비나의 사라예보와 모스타르, 캄보디아의 킬링필드와 투올슬렝 제노사이드 박물관, 칠레의 기억과 인권 박물관 및 아르헨티나의 오월 광장, 제주 4.3평화기념관과 북촌 너븐숭이 유적지, 그리고 아르메니아 예레반의 아르메니아인 제노사이드 기념관을 방문했다.

이러한 내 여행에 구체적인 이름이 있다는 사실을 안 것은 여행을 시작하고도 한참 뒤의 일이다. 다크투어리즘*Dark Tourism*. 넓게는 인간사의 '어두운' 측면, 곧 죽음과 비극에 관련된 역사적 장소를 여행하는 모든 형태를 의미하고, 좁게는 단순한 재미나 호기심보다는 좀 더 진지한 관심을 가지고 역사적으로 중요한 전쟁이나 학살 현장 또는 대규모 재난이 일어났던 장소를 찾아 그 사건을 기리며 교훈을 되새기는 여행을 말한다. 대표적인 다크투어리즘 목적지로는 폴란드의 아우슈비츠 수용소와 뉴욕의 9.11테러 현장인 그라운드제로가 있다.

이와 비슷한 개념은 일찍부터 제기됐지만, 이를 '다크투어리즘'이라 명명하고 학술적으로 정립한 것은 1996년 스코 틀랜드 글래스고 캘리도니언 대학의 맬컴 폴리와 존 레넌이 발표한 논문이었다. 이들의 연구는 '다크투어리즘'이란 제목으로 2000년 책으로 출간되기도 했다. 그러니 다크투어리즘은 역사가 그리 오래된 개념은 아닌 셈이다.

최초의 개념 정립 이후 이를 보완, 수정하는 여러 연구가 잇따랐는데, 같은 글래스고에 있는 스트래스클라이드 대학의 A. V. 시턴은 여행자의 행동 측면에서 다크투어리즘을 크게 다섯 가지 형태로 분류하며 '타나투어리즘'[1]이란 용어를 제시했다.

(1) 공개 사형 집행을 구경하는 행위로 오늘날에는 거의 찾아볼 수 없다.

(2) 개인이나 집단이 죽은 장소에 찾아가는 행위로 갈리폴리 같은 전투가 벌어졌던 곳, 아우슈비츠 같은 죽음의 수용소, 킬링필드 같은 제노사이드 현장, 그리고 제임스 딘 같은 유명인이 사망한 장소나 언론을 통해 널리 알려진 살인이 일어난 장소 또는 그 살인자가 살

---

1 Thanatourism. 그리스신화 속 죽음의 신인 타나토스*Thanatos*와 관광 *tourism*의 합성어.

았던 집을 방문하는 것까지 포함한다.

(3) (2)의 사건들을 기념 또는 추모하기 위한 별도의 공간
에 찾아가는 행위다. 묘지, 기념비, 카타콤, 전쟁 기념
관 등이 이런 곳에 해당한다.

(4) 실제 장소와 관계없이 죽음의 상징들을 재현해 놓은
공간에 찾아가는 행위다. 이런 공간에는 무기 박물관,
특정 사건을 역사적 고증에 덜 신경 쓰면서 이야기로
재구성한 박물관 등이 있다.

(5) 죽음을 간접 체험하거나 재연하기 위한 여행 형태다.
단순한 놀이나 종교적 의미를 지닌 축제에 참여하는
방식을 말하며, 멕시코 사자의 날 카니발 등을 예로
들 수 있다.[2]

2006년 영국 프레스턴에 있는 센트럴랭커셔 대학의 필
립 스톤이 여행자가 아닌 공급자의 측면에서 '다크투어리즘

---

2 Richard Sharpley and Philip R. Stone eds., *The Darker Side of Travel*,
   Channel View Publications, 2009, pp.15~16(전자책). (5)의 예시
   멕시코 사자死者의 날 카니발은 원문에 나와 있지 않지만 독자의 이
   해를 돕기 위해 덧붙인 것이다.

스펙트럼'을 제시하기도 했다. 즉 다크투어리즘의 목적지를 '가장 어두운'부터 '가장 밝은'까지 여섯 단계로 구분하고, 정치적 영향력과 이데올로기 성격이 짙으며 교육에 중점을 둘수록 어두운 쪽으로, 정치적 영향력과 이데올로기 성격이 약하며 엔터테인먼트에 중점을 둘수록 밝은 쪽으로 분류했다.[3] 그러나 이후로 이루어진 많은 연구는 사실상 최초의 몇몇 문제 제기에서 그리 멀리 나아가지 못했으며, 문헌들을 읽으면 읽을수록 작은 서클 안에서 서로가 서로를 인용하며 꼬리 물기를 하고 있다는 인상을 지울 수 없었다.

오히려 이 개념을 적극적으로 활용한 것은 학계가 아니라 돈 냄새를 맡을 줄 아는 관광산업 쪽이었다. 이를테면 오스트레일리아 선샤인코스트 대학의 폴 윌리엄스는 2007년 출간작 《기념관: 잔혹행위를 기리려는 전 세계적 광풍》[4]에서 "지난 10년간 그 앞의 100년보다 많은 기념관이 문을 열었다"고 지적했다.[5]

---

3   위의 책, p.21.

4   Paul Williams, *Memorial Museums: The Global Rush to Commemorate Atrocities*, Berg Publishers, 2007.

5   Morag M. Kersel, "Editorial Introduction", *Journal of Field Archaeology*,

다크투어리즘에 대한 이해를 돕기 위해 몇몇 문헌을 인용했지만, 학술적·산업적 해석은 내 몫이 아니다. 나는 한 사람의 여행자로서 이야기할 뿐이며, 그것이 내가 말할 수 있는 유일한 지점이다. 그래서 '다크투어리즘'이란 용어 대신 개별 여행을 가리키는 의미에서 '다크투어'라는 말을 제목에 사용했다. 또한 이 여행기에는 여행을 할 당시에는 몰랐으나 나중에 책을 보며 알게 된 내용들이 자연스레 섞여 들 것이다. 내가 생각하는 여행은, 여행 전후에 공부하고 되씹고 기억하는 일을 모두 합한 총체적인 과정이기 때문이다.

내 관심사이자 이 책에서 다룰 장소들은 시턴이 제시한 (2)와 (3), 그리고 동시에 스톤의 '가장 어두운' 스펙트럼에 위치한다. 특히 집단살해(대학살)를 의미하는 '제노사이드'에 초점을 맞추었다. 1948년 12월 9일 유엔총회에서 채택되어 1951년 1월 12일에 발효된 '제노사이드 범죄 방지와 처벌에 관한 협약'에서 규정하는 제노사이드란 국민적·인종적·민족적 또는 종교적 집단을 전부 또는 일부 파괴할 의도로 행해진 다음의 행위를 말한다.

vol.39, no.3, 2014, p.310에서 재인용.

(1) 집단 구성원을 살해하는 것.

(2) 집단 구성원에 대하여 중대한 육체적 또는 정신적 위해를 가하는 것.

(3) 전부 또는 부분적으로 육체적 파괴를 초래할 목적으로 의도된 생활조건을 집단에게 고의로 과하는 것.

(4) 집단 내의 출생을 방지하기 위하여 의도된 조치를 과하는 것.

(5) 집단의 아동을 강제적으로 타 집단에 이동시키는 것.[6]

제노사이드 현장을 둘러보는 체험은 우리에게 타인의 불행과 재앙이 그리 멀리 있지 않으며, 그들과 우리 사이에 놓인 것은 그저 우연과 운뿐이라는 차가운 진실을 일깨운다. 나는 다크투어가 우리 사회에 부족한 '타인의 고통'에 대한 공감 능력을 키울 수 있는 하나의 좋은 방법이라 믿는다. 내가 국내외 곳곳에서 벌어지는 폭력과 억압과 비인권적 행위에 분노하고 가슴 아파한다면, 그것은 많은 부분 여행이 가

6   Prevent Genocide International 웹사이트에서 우리말로 전문을 확인할 수 있다.

르쳐 준 것들 덕분이다. 공감도 학습이 필요한 일이며, 그런
의미에서 여행은 훌륭한 선생이다.

차례

1장.
누가 아르메니아를
기억하는가

예레반 아르메니아인 제노사이드 기념관

"모든 학살의 아픔은 그렇게 연결되어 있었고, 그렇게 내 여행은 뫼비우스의 띠처럼 이 책의 첫 장 아르메니아로 이어진다." 이 책의 마지막 장 제주 편을 닫으며 나는 이렇게 썼다. 이 책에는 시작도 끝도 없다. 책을 열며 인용한 아우슈비츠 생존자 장 아메리의 말처럼, 아직 아무것도 끝나지 않았기 때문이다.

끝의 시작: 제주에서 아르메니아로

"아우슈비츠와 보스니아, 캄보디아, 칠레와 아르헨티나. 10년이 걸려 지구를 한 바퀴 돌아서야 비로소 내가 사는 이 땅의 아픔을 마주한" 뒤에 나는 왜 다시 아시아 대륙을 가로질러 저 먼 서쪽 끝, 이름도 낯선 아르메니아로 향했는가. 제주 4.3평화기념관 주 전시실 2층 '세계의 제노사이드' 전시에서 '오스만제국의 아르메니아인 학살'을 접하고 관련 도서를 찾아보다 발견한 한 문장, 정확히는 한 사람의 말 때문이었다. 그 사람은 히틀러고, 그 말은 이런 것이었다. "누가 지금 아르메니아인 제노사이드를 기억하는가?" [7]

그리고 나는 이 말을 아르메니아 수도 예레반의 높은 언덕

위에 자리한 아르메니아인 제노사이드 기념관의 주 전시실 출구에서 다시 한번 마주했다. 이 말, 정확히는 "도대체 지금 와서 누가 아르메니아인 절멸을 이야기하는가?"는 독일의 폴란드 침공 일주일 전인 1939년 8월 22일 오버잘츠베르크의 별장에서 히틀러가 장교들을 모아 놓고 한 다음과 같은 연설에서 비롯됐다고 알려져 있다.

우리의 힘은 속도와 잔인성에 있다. 칭기즈칸은 사전 계획 하에 기꺼운 마음으로 수백만 명의 여성과 아이를 학살하도록 지휘했는데, 역사는 그를 오로지 국가의 창시자로 기억한다. 나약한 서유럽 문명이 나에 대해 뭐라고 말할지는 관심 없다. 나는 우리가 수행하려는 전쟁의 목표가 특정 전선에 도달하는 것이 아니라 적을 물리적으로 파괴하는 것이라고 명하는 바다. 이에 대해 한마디라도 항명하는 자는 총살형에 처할 것이다. 이제 나는 폴란드계로 폴란드어를 쓰는 남성, 여성, 아이 들을 동정심 없이 무자비하게 죽

---

7   니콜라이 호바니시안, 《아르메니아인 제노사이드》, 이현숙 옮김, 한국학술정보, 2011, 뒤표지 글.

이라는 명령과 함께 해골단[8]을 전선—현재로선 동부전선 뿐이지만—에 배치하고자 한다. 그래야 우리에게 필요한 거주 공간(레벤스라움)을 얻을 수 있다. 도대체 지금 와서 누가 아르메니아인 절멸을 이야기하는가?[9]

아르메니아를 언급한 마지막 말의 진위 여부에 관해서는 논란이 있지만,[10] 중요한 것은 히틀러가 과거에 자행됐던 수많은 인종학살에서 영감을 얻었으리라는 점이다. 아르메니아인 제노사이드가 무엇이기에, 히틀러가 참고했다는 '레퍼런스'로 언급되는 것일까? 제주 4.3평화기념관의 안내문에는 이렇게 쓰여 있었다.

8   SS-Totenkopfverbände. 강제수용소 관리를 맡았던 나치 친위대.

9   Louis Paul Lochner, *What About Germany?*, Dodd, Mead & Company, 1942, p.2. Hathi Trust 웹사이트에서 전문을 열람할 수 있다.

9.

10.

10   뉘른베르크 전범재판에 제출된 증거 목록 중 오버잘츠베르크 연설이 언급된 것은 세 가지인데, 이 중에서 한 가지만이 이 말을 포함하고 있으며, 이 자료의 출처인 당시 AP통신 특파원 루이스 폴 로크너가 정보원을 명확히 밝히지 않음으로써 이 자료는 증거로 채택되지 못했다. 이를 근거로 이 말이 날조된 것이라는 주장도 있다. 영문 위키피디아 'Hitler's Obersalzberg Speech' 항목 참조.

오스만제국은 그리스정교를 믿는 소수민족 아르메니아인을 공식적으로 차별했다. 1914년 독일과 함께 제1차 세계대전을 일으킨 오스만제국은 러시아를 공격했으나 연합국의 반격으로 패색이 짙어지자 아르메니아인을 희생양으로 삼았다. 오스만제국은 아르메니아인이 봉기를 일으키고 러시아를 도왔다며 1915년부터 이듬해까지 대대적인 학살극을 자행했다. 210만 명에 달했던 아르메니아인 가운데 생존자는 60만 명에 불과했다.

잊힌 제노사이드 '메즈 예게른'

지금으로부터 100년도 더 전인 1915년, 한창 제1차 세계대전이 벌어지던 시기에 20세기 최초의 제노사이드라 일컬어지는 아르메니아인 대학살이 벌어졌다. 이를 자행한 것은 튀르키예의 전신인 오스만제국의 통치 세력이었던 청년튀르크당이었고, 대상은 오스만제국 내와 접경지대에 거주하던 아르메니아 민족 150만 명이었다.[11] 메즈 예게른*Medz Yeghern*. 유대인들이 홀로코스트를 가리켜 '대재앙'이라는 뜻의 '쇼아*Shoah*'라는 유대어로 부르듯이, 아르메니아인들이 자신들이 당한 비극을 가리켜 같은 뜻으로 부르는 이름이다.

301년 세계 최초로 기독교를 국교로 공인한 나라, 독자적인 문자를 가지고 정체성을 유지해 오던 아르메니아는 강력한 두 제국인 오스만과 페르시아 사이에 끼어 끊임없이 주인이 바뀌다가 결국 오스만제국의 서아르메니아와 페르시아제국의 동아르메니아 지역으로 분리된다. 이후 페르시아제국이 멸망하면서 동아르메니아 지역은 러시아제국의 영향권에 들어가며 어느 정도 국가의 정체성을 유지할 수 있었지만, 이슬람교를 믿는 오스만제국 내에서 기독교를 믿는 아르메니아인들은 끊임없이 차별과 박해에 시달렸다.[12] 아르메니아인은 무기를 소지할 수 없었고, 법정에서 증거 제출이 허용되지 않았으며, 말을 탈 수 없었다.[13] 오스만 정부는 자민족인 튀르크인, 소수의 유목 민족인 쿠르드인, 캅카

---

11   150만 명이란 숫자는 이어진 모든 제노사이드의 경우와 마찬가지로, 더구나 시일이 오래되고 진실이 은폐되어 연구 자료가 턱없이 부족하기에 필연적으로, 오차가 클 수밖에 없는 추정치이나 대부분의 연구 문헌에서 공통으로 차용되는 수치다.

12   니콜라이 호바니시안, 앞의 책, 21~48쪽 참조.

13   위의 책, 58쪽.

스 지방의 시르카시아인 등을 서아르메니아 지역으로 이주시켜 이들에게만 온갖 특혜를 부여했을 뿐 아니라 원주민인 아르메니아인들과 반목하고 충돌하게 했다. 대학살 이전에도 때때로 이들의 손을 빌려 곳곳에서 아르메니아인들을 학살했다.

아르메니아인들을 치명적인 파국으로 몰고 간 것은 제1차 세계대전이었다. 독일과 오스트리아 등이 포함된 동맹국 측에 가담한 오스만제국은 연합국인 러시아와의 전투에서 참패를 떠안게 된다. 오스만제국 내 수많은 민족들이 제각기 독립을 기치로 내걸고 봉기하는 와중에 국외 전쟁으로 국민들의 시선을 돌림으로써 난국을 타계하려 했던 오스만 정부로서는 제 발에 걸려 넘어진 셈이다. 이에 패배의 책임을 떠넘길 희생양이 필요했던 당시 국방장관이자 총사령관 엔베르의 눈이 아르메니아인들을 향하게 된다. 엔베르가 아르메니아인들을 패배의 원흉으로 지목한 이유는 두 가지다. 하나는 실제로 러시아군에 동아르메니아 지역의 아르메니아인들이 일부 포함되어 있었다는 것. 다른 하나는 전쟁 선포 전 오스만 정부가 에르주룸 지역의 아르메니아 자치회에 러시아 내 아르메니아 동족들이 차르 정부에 대항해 반란을 일으키도록 고무해 달라고 요청했다가 거절당한 것이었다. 이를 근거로 오스만 정부는 아르메니아인들이 러시아와 내통했다는 선전을 광범위하게 펼치며 자국민들이 아르메니아인들을 비난하도록 몰아갔다. 그렇게 대학살의 조건이 갖춰졌다.

> '어떤 사람들'을 추방하는 목적은 미래를 위해서, 우리의 조국을 보호하기 위해서다. 그들은 어디에라도 살아 있다면 절대 선동적인 생각을 버리지 않을 것이다. 그래서 우리는 그들의 수를 가능한 줄여야 한다. 부모들이 어떤 고문을 당했는지 기억하지 못하는 고아들만 수용하고 보호하도록 하라. 다른 고아들은 추방 행렬과 함께 보내라.[14]

1915년 오스만 정부의 내무부 장관 메흐메트 탈라트가 시장들에게 보낸 전보다. '어떤 사람들'은 아르메니아인을 가리킨다. "지구상의 모든 죽음이, 온 역사를 통틀어 존재했던

---

14 파올로 코시, 《메즈 예게른》, 이현경 옮김, 미메시스, 2011, 95쪽.

모든 죽음이"[15] 그곳에 있었다. 총검에 찔리거나, 목이 매달리거나, 목적지도 없이 시리아나 메소포타미아 사막을 헤매는 추방 행렬 속에서 열기와 허기에 탈진해 죽어 가거나. 오스만 군인들은 가족 앞에서 딸과 어머니를 윤간하고 자식이 보는 앞에서 아버지의 이를 뽑아 이마에 쑤셔 박았다. 죽음의 공포가 극에 달한 아르메니아인들은 미쳐 갔다. 어미는 어린 자식을 우물에 던져 버렸고, 임신부는 노래하며 유프라테스강에 몸을 던졌다. 허기와 두려움으로 정신을 잃은 이는 자신의 배설물을 먹기도 했다.

국경에서

세계지도에서 오늘날의 아르메니아를 보면 북으로는 조지아, 남으로는 이란, 서로는 튀르키예, 동으로는 아제르바이잔과 국경을 맞대고 있다. 그중 육로로 아르메니아에 입국할 수 있는 경로는 조지아와 이란을 통하는 길뿐이며, 두 나라보다 훨씬 길게 국경선을 맞대고 있는 튀르키예와 아제르바이잔

15 위의 책, 103쪽.

방향으로는 과거의 대학살과 영토 분쟁 및 전쟁 등으로 인해 국경이 폐쇄되어 있다. 남쪽의 짧은 이란 국경은 험준한 산악 지대인 데다, 나고르노카라바흐 지역을 놓고 1988년부터 지금까지 계속되어 온 아제르바이잔과의 무력 충돌이 격화될 때면 접근이 차단되기도 한다. 따라서 아르메니아는 사실상 여러 나라에 둘러싸여 고립된 섬나라 같다.

왕래가 비교적 수월한 조지아에서도 찾아가는 길이 그리 녹록지는 않았다. 기차는 낡아 느리기 짝이 없고, 버스랄 것은 없다. 사설로 운영되는 '마슈르카'라는 미니버스들이 있지만 실상은 낡은 봉고차며, 트빌리시에서 승객이 다 채워지면 출발하는 식이라 운행 시간도 대중없다.

나는 다양한 이유로 아르메니아의 수도 예레반으로 향하는 사람들 사이에 끼어 마슈르카에 한 자리를 잡았다. 그런데 국경에서 문제가 생겼다. 한국인은 입국할 때 현장에서 비자를 받아야 하는데, 하필이면 내가 비자를 받으려는 타이밍에 컴퓨터 시스템에 오류가 생겼다며 기다리라는 말을 들었던 것이다. 딱 내 차례에 그래서 처음엔 짓궂은 장난인 줄 알았다. 가끔 국경에서 이런 식의 고약한 장난을 쳐서 가슴을 철렁하게 하는 관리들이 있기 때문이다. 하지만 장난이 아니었다. 제복을 입은 무뚝뚝한 인상의 남자 관리는 언제쯤 복구될지를 묻는 내 말에 세상에서 제일 심드렁한 표정으로 "아이 돈 노"라고 대답하고는 아예 자리를 떠 버렸다. 나보다 훨씬 늦게 도착한 다른 나라 사람들은 모두 입국 도장을 받고 떠나는데, 나는 비자 오피스 앞에 붙박여 하염없이 기다렸다.

한 시간이 지날 무렵부터는 진짜로 무서워지기 시작했다. 밖에서 기다리는 차가 나를 두고 그냥 가 버리면 어쩌지? 히치하이킹을 해야 하나? 여기서 밤을 새워야 하는 건 아니겠지? 내가 불안에 떨거나 말거나 출입국 관리소 관리들은 저희끼리 웃고 떠들기 바빴다. 그렇게 불안감이 극에 달할 무렵, 기다린 지 한 시간 반이 됐을 때에야 아무 일도 없었다는 듯 돌아온 예의 무뚝뚝한 관리가 비자를 부착한 내 여권을 돌려줬다. 오, 하느님 부처님 알라신 감사합니다.

그러고도 몰려든 사람들로 인해 입국 수속을 마치기까지 30분이 더 걸렸다. 입국 도장을 찍어 준 다른 관리가 여권을 내 쪽으로 툭 던지며 건조한 목소리로 "웰컴"이라고 말하는데, 아무래도 뒤에 '투 더 헬'이 생략된 듯했다. 그게 아르메니아의 첫인상이었다. 하지만 두 시간여 만에 바깥으로 나왔을 때 내가 타고 온 마슈르카 운전사와 승객들이 기다리고 있어서, 또 불평 한마디 없이 너를 걱정했다고, 괜찮으냐고 말하며 따뜻하게 맞아 주어서 얼었던 마음이 녹아 눈물로 맺혔다.

하치카르와 아라라트산

아르메니아 국경을 통과한 뒤 예레반으로 향하는 세 시간 남짓 내내 창밖으로 보이는 풍경이라곤 산과 벌판과 인가가 드문드문한 시골 마을뿐이었다. 그래서 마치 차원 이동이라도 한 듯 번화한 모습의 예레반 중심가를 보고 적잖이 놀랐다. 회랑이 길게 이어진 상점가와 수많은 노천카페, 커다란 분수대가 있는 광장을 둘러싼 웅장한 석조 건축물들. 고풍스러우면서도 세련된 여느 유럽 도시를 연상케 하는 중심부의 공화국 광장 근처 공원에 그와는 결이 사뭇 다른, 돌을 깎아 만든 십자가 부조들이 늘어서 있었다. 한편에 있는 안내문을 보니, 2015년 아르메니아인 제노사이드 100주기를 기리는 옥외 전시의 일환으로 문화적 집단살해*Cultural Genocide*를 보여 주는 예시로서 설치된 것들이었다. 1915년까지 오스만제국 내 서

아르메니아 지역에 존재했던 17만여 개에 달하는 기독교 유물과 유적 중 오늘날까지 남아 있는 것은 2퍼센트에 불과하다는 설명이 쓰어 있었다.

하치카르Khachkar는 아르메니아어로 십자를 뜻하는 '하치'와 돌을 뜻하는 '카르'의 합성어로, 십자가와 함께 레이스 같은 섬세한 도안을 새겨 넣은 비석이다. 9세기까지 1,200년을 거슬러 올라가는 아르메니아의 전통공예이자 아르메니아 민족의 정체성을 나타내는 상징이다. 그리고 그 상징은 아르메니아 민족이 그랬던 것처럼 역사의 부침에 따라 수난을 겪어 왔다. 그렇게 파괴된 하치카르 일부를 장인이 복제해 전시해 둔 것이다. 한국이 일본군 위안부 피해자들을 기리는 평화의 소녀상을 세계 곳곳에 세우듯이, 아르메니아는 민족이 당한 학살의 고통을 널리 알리고 희생자들을 기리기 위해 하치카르를 세계 곳곳에 세우고 있다.

예레반에서 차를 타고 한 시간 반쯤 동쪽으로 가면 세반 호수 근처에 위치한 노라투스 마을이 나오는데, 이곳에는 '하치카르의 숲'이라고 불리며 900여 개가 넘는 13~17세기의 하치카르가 보존된 묘지가 있다. 저 멀리 새하얀 설산을 배경으로 새파란 하늘 아래 톱니처럼 땅에 굴곡을 그리며 솟아 있는 수많은 황적색 비석들을 마주하고 실로 압도되는 느낌을 받았다.

영국의 건축 저널리스트인 로버트 베번은 훌륭한 르포이자 연구서인 《집단기억의 파괴》 1장에서 제노사이드 과정 중에 벌어지는 문화적 파괴를 '문화청소'라 이름 붙이고 이를 자세히 다루고 있다. 이 장의 부제 또한 '누가 아르메니아인을 기억하는가?'다. 중세의 아르메니아 장인들은 일대의 다른 종교 집단과 민족 집단에 전수해 줄 만큼 발달된 석조 건축 및 조각 기술을 보유하고 있었고, 이를 이용해서 화려한 장식 요소를 더한 교회와 수도원을 건설했다. 1914년 콘스탄티노플(오늘날의 이스탄불) 아르메니아 교회 총대주교가 실시한 자체 조사에 따르면 콘스탄티노플 교구에서 감독하는 종교시설만 해도 수도원 200곳과 교회 1,600곳을 포함해 총 2,549곳에 달했다.[16] 베번은 이후에 벌어진 다른 제노사이드들에서와 달리 아르메니아 유적들은 제노사이드가 벌어질 당시보다 그후에 더 큰 피해를 입었다는 점을 지적한다. 오스만제국에 이어 튀르키예 정부는 마치 이 땅에 아

16   로버트 베번,《집단기억의 파괴》, 나현영 옮김, 알마, 2012, 91쪽.

르메니아인들이 살았었다는 사실 자체를 지우려는 것처럼 그들의 흔적을 지워 갔다. 거의 대부분의 유적이 완파 또는 부분적으로 파괴되었으며, 파괴되지 않고 남은 유적들은 헛간이나 창고로 쓰이거나 모스크로 개조되었다. 국제사회의 압력으로 튀르키예 동부 반Van 호수의 악타마르섬에 있는 유명한 아르메니아 교회 한 곳이 겨우, 그것도 아르메니아 정부의 돈으로 복구되기 시작했는데, 예루살렘의 아르메니아 박물관 큐레이터 게오르게 힌틀리안은 이를 두고 이렇게 표현했다. "이 교회는 우리에게 남은 전부입니다. 곧 아르메니아인이 튀르키예에 살았다는 증거 자체가 사실상 하나도 남지 않게 될 겁니다. 우리는 신화가 되어 사라지겠지요."[17]

아르메니아인들이 하치카르와 함께 중요하게 생각하는 민족의 또 다른 상징은 아라라트산이다. 이 해발 5,137미터의 휴화산은 아르메니아 민족의 영산이자 성경에 기록된 노아의 방주가 표착했을 것으로 추정하는 곳이다. 노아의 세 아들 중 하나인 야페테의 후손 하이크는 아르메니아의 시

---

17 위의 책, 96~97쪽. 오스만제국과 튀르키예의 아르메니아 유적 파괴에 관한 더 자세한 내용은 87~99쪽을 참고하라.

조로 알려져 있다. 아르메니아를 대표하는 세계적 브랜디의 이름으로 쓰일 만큼 친숙한 대상이기도 하다.

하지만 오늘날 아라라트산은 튀르키예의 영토에 속해 손에 잡힐 듯 보여도 갈 수 없는 곳이 됐다. 아라라트산을 가장 가까이 볼 수 있는 곳이 예레반에서 남쪽으로 40여 킬로미터 떨어진 호르비랍 수도원이다. 버스를 타고 수도원과 가장 가까운 정류장에 내려 30여 분을 걸어갔는데, 투어를 이용할 수도 있지만 이렇게 가길 추천하는 이유는 드넓은 포도밭 너머로 서서히 다가오는 아라라트산과 호르비랍 수도원의 원경이 초현실적으로 아름다웠기 때문이다. 빛나는 흰 거인처럼 만년설을 인 웅장하고도 영묘한 모습을 보면 왜 아르메니아 사람들이 이 산을 그토록 사랑하는지 알 수밖에 없다.

수도원 뒤편의 바위 언덕에 올라, 옅게 깔린 구름 위로 우뚝 솟은 소小아라라트산과 대大아라라트산 두 봉우리를 한참 바라보았다. 이곳과 저곳의 사이에는 시야를 가리는 것 하나 없이 광대하게 펼쳐진 평원뿐이라 마음만 먹으면 걸어서 닿을 수도 있을 것처럼 보였다. 하지만 호흡을 앗아 갈 정도로 아름다운 자연경관에도 불구하고 인간이 만든, 대학살의 역사가 그어 놓은 보이지 않는 선의 존재로 인해 마음 한편이 끝내 무거웠다.

아르메니아인 제노사이드 기념관에서

조지아에서부터 12일째 마주하는 흐린 하늘. 한낮의 햇빛도 두꺼운 구름을 뚫지 못하고 뿌옇게 흩어지는 날이었다. 지긋지긋한 먹구름이 몸과 마음까지 짓눌렀다. 예레반 중심가와 가까운 숙소에서 앱으로 택시를 불러 시내가 한눈에 내려다보이는 치체르나카베르드 언덕에 자리한 아르메니아인 제노사이드 기념관으로 향했다(왜 이렇게 중요한 곳으로 가는 대중교통이 없을까?). 앞서 여행한 제노사이드 현장이나 기념관과 달리 이곳은 애초에 책을 쓰기로 한 뒤에 마지막 퍼즐 조각을 맞추듯 방문한 장소였고, 그만큼 사전 지식이 쌓인 상태에서 약간은 밀린 숙제를 해치우듯 의례적인 마음도 들었던 게 사실이다. 무엇을 보고 어떻게 느껴야 하는지 이미 정해 놓은 여행만큼 지루한 것도 없으니까.

　지면에서 계단을 통해 내려가도록 설계되어 있는 박물관 입구로 들어설 때까지만 해도 그랬다. 입장료는 무료였다. 흔한 오디오 가이드도 안내 책자도 없는 썰렁한 데스크에서 역시 썰렁한 표정의 여자 직원이 내 국적만 물었을 뿐이다. 하지만 홀 한편에 꼭 제주 4.3평화기념관의 백비처럼 하치카르를 뉘어 놓은 형태의 조각이 유리창을 넘어 바깥과 안을 연결하는 모습을 보고 어쩐지 코끝이 찡해졌다.

전시실에는 사람이 제법 많았다. 단체로 견학을 온 듯한 학생들, 가이드의 설명을 듣는 단체 관광객들, 나처럼 개별적으로 찾아온 관람객들. 오스만튀르크의 시작부터 연대기순으로 나열된 설명과 연표, 문서, 자료 사진이 이어졌다. 1894~1896년, 첫 대규모 학살이 벌어졌던 시기가 사진 기술이 널리 보급되기 시작한 시점과 맞물린다는 점이 의미심장했다. 어쩌면 그 이전에도 수천, 수만 단위의 학살이 수없이 자행됐을 것이다. 단지 이때의 학살은 사진 증거로 남아 '첫' 학살이 될 수 있었던 건지도 모른다. 열을 지어 누운 시체들, 고문당한 아이들과 여자들의 적나라한 신체는 이것이 이미 벌어진 일이라는 사실, 누가 아무리 부정하더라도 바꿀 수 없는 역사라는 사실을 처절하게 웅변했다.

한편으로 워낙 오래전에 일어난 일이라 당시를 증언해 줄 생존자들이 거의 세상을 떠난 데다 오스만제국에 이은 튀르키예의 은폐로 1차 사료가 턱없이 부족한 가운데서도, 당시의 참상을 '입증'해 보여야만 한다는 강박에 가까운 절박함도 느껴졌다. 넓은 공간에 비해 그리 많지 않은 전시물이 끝나고 남은 여백은 희생자들의 얼굴로 채워졌다. 커다란 화면에서 영상으로 재생되는 그들의 사진이 내가 그때껏 해온 다크투어의 본질을 다시금 상기시켰다.

기억을 말살하려는 자들과 기억하려는 이들의 사투

그렇게 전시실을 나설 때 앞서 언급한, 히틀러가 했다는 말을 마주하게 되는 것이다. "도대체 지금 와서 누가 아르메니아인 절멸을 이야기하는가?"

튀르키예는 지금까지도 오스만제국의 아르메니아인 대학살을 인정하지 않으면서 전쟁 와중에 벌어진, 양측 모두 피해를 입은 불행한 사건이라 주장하고 있다. 학살이 대부분 현재 튀르키예 영토 내에서 일어났기에 희생자 유해 발굴이나 조사 등이 제대로 이루어질 수 없었음은 물론이다. 유대인 홀로코스트가 수천, 수만 권의 연구 논문과 서적으로 쓰이고 다큐멘터리와 영화와 드라마로 재현되며 전 세계인의 기억에 아로새겨진 것과 달리, 아르메니아인들의 '대재앙'은 철저하게 잊히고 묻혔다. 그

러다가 전 세계인의 앞에 이 대재앙을 다시금 소환하는 사건이
일어난다.

"이 땅에서 100만 명의 아르메니아인과 3만 명의 쿠르드족
이 살해됐지만, 어느 누구도 그 일에 대해 말하지 않습니다."
2006년 노벨 문학상을 수상한 튀르키예의 작가 오르한 파묵
은 2005년 스위스 신문 〈타게스 안차이거〉와 한 인터뷰에서 아
르메니아인과 쿠르드족 학살을 언급했다가 형법 301조에 의거
'국가정체성 부인 및 이미지 훼손' 혐의로 기소되고 극단적 민
족주의자들로부터 살해 협박에 시달리는 등 큰 고초를 치렀다.
2005년에만 50여 명에 달하는 문인과 언론인이 같은 혐의로 기
소됐다.[18] 그 가운데 하나인 아르메니아계 튀르키예인이자 아르
메니아계 목소리를 대변하는 신문 〈아고스〉를 발행하던 언론인
흐란트 딩크가 2007년 야신 하얄이라는 17세의 극단주의자에게
살해당했다. 이 범인이 다음 대상은 파묵이 되리라 암시하면서,
파묵은 미국으로 장기간 피신해야 했을 뿐 아니라 튀르키예로
돌아온 뒤에도 경호원 없이는 외출할 수 없었다.[19]

18   〈오르한 파묵을 가두지 말라〉,《한겨레21》온라인 2005. 12. 28. 참조.
19   〈터키 노벨상 작가 파묵, 신변 위협 받고 미국행〉, 〈연합뉴스〉
     2007.2.11. 참조.

살면서 늘 최악의 상황을 상상하는 데 익숙한 비관론자인 나는 이 책이 만에 하나 베스트셀러가 되어 튀르키예 극단주의자들에게까지 알려지게 되고, 그로 인해 (감히!) 파묵처럼 살해 위협을 받으면 어쩌지 하는 두려운 마음을 끝내 떨치지 못한 채 덜덜 떨면서 이 글을 쓰고 있다. 나는 경호원을 고용할 형편도 안 되는데.

튀르키예 정부의 억압은 오히려 아르메니아인 대학살에 세계인의 관심이 쏠리는 결과만 낳았다. 벨기에, 이탈리아, 프랑스, 네덜란드, 그리스, 스웨덴 등 유럽연합에 속한 국가들 중 아르메니아인 학살 사건을 '제노사이드'로 공식 인정한 나라들은 튀르키예가 진실을 인정하고 자국 내 표현의 자유를 억압하는 일을 중단하지 않으면 유럽연합 가입에 찬성할 수 없다는 입장을 고수하고 있다. 2016년에는 독일 의회가 아르메니아인 대학살을 '제노사이드'로 인정하는 성명을 발표했다. 미국의 경우에는 2016년 4월 22일 버락 오바마 당시 대통령이 아르메니아인 대학살 추모일을 앞두고 발표한 성명에서 'mass atrocity(대규모 잔혹행위)'라는 표현을 사용했다.[20] 이

20 2016년 4월 22일 백악관 성명.

20.

후 2021년 4월 24일 추모일 당일에 마침내 바이든 대통령이 'Armenian genocide(아르메니아인 제노사이드)'라는 표현을 사용함으로써, 오스만제국에 의한 아르메니아인의 대학살을 공식적으로 인정했다.[21]

역사의 흐름은 되돌릴 수도 부정할 수도 없는 것이다. 제노사이드에 '제노사이드'라는 이름을 되찾아 주는 일이 제7의, 제8의 히틀러가 다시는 "도대체 지금 와서 누가 아르메니아인 절멸을 이야기하는가?" 따위의 말을 내뱉지 못하도록 막는 일임을 우리는 이미 알고 있다. 2015년 아르메니아인 제노사이드 100주기 특별미사에서 프란치스코 교황은 이렇게 말했다. "악을 숨기거나 부인하는 것은 상처를 지혈하지 않고 계속 피 흘리게 하는 것과 같습니다."[22]

희망은 뜻밖에 최악의 참사에서 싹을 틔웠다. 2023년 2월 6일 새벽 튀르키예 남동부 가지안테프 지역을 강타한 대지진으로 수만 명의 사망자와 수백만 명의 이재민이 발생한 가운데, 아르메니아에서 구조 인력과 구호물자를 지원하기

21   2021년 4월 24일 백악관 성명.

22   〈프란치스코 교황 터키의 아르메니아 대학살 비난, 터키 강력 반발〉, 〈세계일보〉 2015.4.13.

21.

위해 35년 만에 양국의 국경이 개방된 것이다. 아라라트 미르조얀 아르메니아 외무부 장관이 튀르키예의 수도 앙카라를 직접 방문해 메블뤼트 차우쇼을루 튀르키예 외무부 장관을 만났다. 회담 후 공동 기자회견에서 튀르키예 외무장관은 "아르메니아가 이 어려운 시기에 우리에게 우정의 손길을 내밀었다"고 밝혔다.[23] 물론 튀르키예가 과거의 제노사이드를 계속 부인하는 한 이러한 화해는 한시적이고 불완전할 수밖에 없다. 그럼에도 오랫동안 굳건해 보였던 장벽을 훌쩍 넘어 재난에 처한 이들을 가엾게 여기고 타인의 고통에 공감하며 그들에게 기꺼이 도움의 손길을 내미는 사람의 보통 마음, '인지상정'에서 그 실마리를 찾을 수는 있을 것이다.

---

23 〈튀르키예, '35년 만 국경 개방' 아르메니아에 "우정" 칭송〉, 〈뉴시스〉 2023.2.16.

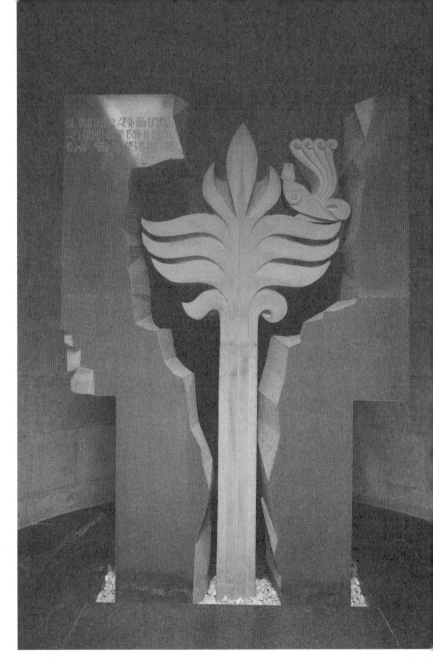

2장.

죽음 공장

폴란드 아우슈비츠-비르케나우 박물관

2005년 크리스마스 연휴를 헝가리 부다페스트와 폴란드 크라쿠프 그리고 아우슈비츠에서 홀로 보냈다. 런던에서 어학연수를 마치고 뮌헨, 퓌센, 잘츠부르크, 할슈타트, 빈, 부다페스트, 크라쿠프, 프라하로 이어지는 동유럽 여행을 하던 중이었다. 함께 여행을 시작했던 선배가 예상치 못한 사정으로 먼저 떠나면서, 나는 정확히 크리스마스이브 날 부다페스트에 덩그러니 남겨졌다. 애초부터 혼자였다면 조금 쓸쓸해하고 말았을 테지만, 둘이 시작한 여행에서 갑작스레 혼자가 되니 처음엔 그저 막막하기만 했다. 어제까지 그토록 아름다워 보였던 도시가 삭막하게 느껴졌고, 한겨울 부다페스트의 악명 높은 칼바람이 유난히 매서웠다. 나중에 기후학자들이 여러 연구 논문을 발표했을 만큼 유럽 전역에 이례적인 한파와 폭설이 닥친 겨울이었다. 나는 여행 내내 두툼한 파카도 없이 얇은 초겨울용 점퍼 안에 가진 옷들을 되는대로 껴입고 이른 아침부터 늦은 밤까지 거리를 쏘다녔다. 호기심과 혈기와 체력이 차고 넘치던 시절이었다.

나 홀로 보내는 크리스마스이브의 부다페스트는 잔뜩 찌푸린 하늘에 먹구름이 가득해 음산하기 짝이 없었다. 강한 바람에 습도까지 높아 아무리 여며도 외투 속으로 파고드는 한기에 몸은 물론 마음까지 움츠러들었다. 어제까지만 해도 떠들썩했던 거리는 언제 그런 일이 있었냐는 듯 유령 도시처럼 텅 비어 버렸다. 어부의 요새에서 바라본 강 건너편 페스트 지구의 낮 풍경은 어젯밤 선배와 함께 보았던 반짝이는 야경과 달리 우중충하고 심드렁했다.

부다페스트의 크리스마스 연휴

부다페스트의 웅장한 건축물들은 다른 동유럽 도시들의 건축에 비해 사람을 주눅 들게 하는 위압감이 있다. 그런 면모는 이 도시 곳곳에 세워진 조각상들을 보면 분명하게 드러난다. 부다 지구와 페스트 지구를 연결하는 세체니 다리 입구를 지키는 사자상은 어쩐지 똑바로 쳐다보았다간 큰일이라도 날 것처럼 사납게 생겼다. 나는 괜히 살짝 고개를 숙이고 그 옆을 잰걸음으로 지나쳤다. 부다 왕궁 입구를 지키는 합스부르크 왕가의 상징 쌍두 독수리상은 또 어떠한가. 금방이라도 급강하해 머리를 쪼아 댈 것만 같다.

그리운 온기와 빛을 찾아 어부의 요새 맞은편에 있는 마차시 성당으로 들어갔다. 환하게 불을 밝힌 성당 안에선 성탄 미사를 준비하는 아이들의 막바지 성극 연습이 한창이었다. 온통 잿빛인 사막에서 만난 빨갛고 하얀 오아시스. 벽난로 앞에서 몸을 녹이듯 구석 자리에 가만히 앉아 아이들이 뿜어내는 생기에 잠시 마음을 녹였다.

크리스마스 연휴에 유럽 도시에 머무는 여행자들은 시내에서 이동하기가 여의치 않다. 버스는 운행하지 않았기 때문에, 한참을 걸어 지하철역에 가서 빛바랜 노란색 지하철을 타고 기차역으로 향했다. 유럽에서 런던 다음 두 번째로 오래된, 1896년부터 이 도시 밑을 달려 온 지하철이다. 지하철 역사와 객차는 거의 텅 비어 있었다. 낡은 열차가 선로를 따라 나아가며 삐걱거리는 소리만 요란했다. 그 열차 안에 소중한 추억이 깃든 장갑 한 짝을 두고 내렸다. 크리스마스 이브에 나처럼 이 도시에 홀로 남은 진갈색 가죽장갑 한 짝이 텅 빈 열차를 타고 도시 밑을 하염없이 도는 상상을 해 보았다. 한 짝뿐이니 누가 가져갔을 리도 없고, 기껏해야 유실물 센터에 보관됐다가 폐기됐을 테지만.

기차역 역시 한산하기는 마찬가지였다. 아마도 유럽 각지로 끊임없이 사람들을 실어 나르는 이 기차역이 연중 가장 한산한 시기일 것이다. 폴란드 남부 도시 크라쿠프로 향하는 국제야간열차 출발 전까지 달리 시간을 보낼 곳도 없었기에, 싸늘한 냉기가 도는 대합실에서 하릴없이 몇 시간을 기다렸다. 그런 뒤에 열차에 올라 밤의 경계를 넘어 국경을 넘었다. 나는 그렇게 2005년 크리스마스이브에서 크리스마스로 넘어가는 순간을 역시나 나 말곤 아무도 없는 4인용 침대칸에서 맞이했다. 그로부터 정확히 61년 전인 1944년 12월 24일 소련군은 나치의 수중에 있던 부다페스트를 포위하는 데 성공했다.[24] 해방의 새벽이었다. 그러나 너무 늦은 해방이었다.

그때는 몰랐지만, 헝가리 부다페스트에서 출발해 슬로바키아 동부를 거쳐 폴란드 크라쿠프로 향하는 이 구간은 헝가리의 유대인들을 아우슈비츠로 실어 나르던 기찻길이었다. 헝가리는 나치 독일의 영향권 내에 있으면서도 복잡한 정치역학으로 인해 가장 늦게 장악당한 지역이었으며, 그 때문에 헝가리 유대인들은 나치의 패망을 불과 1년여 앞두고 파멸을 맞닥뜨렸다. 그즈음에는 연합국 정부도, 평범한 헝가리 사람들도, 무엇보다 유대인 자신들도 그 이송이 무

---

24   라울 힐베르크, 《홀로코스트 유럽 유대인의 파괴 2》, 김학이 옮김, 개마고원, 2008, 1170쪽 참조.

엇을 의미하는지 알고 있었다.[25] 그런데도 거의 속수무책으로, 1944년 4월 29일 헝가리 유대인들을 비르케나우(아우슈비츠 제2수용소)로 이송하는 대대적인 작전이 시작됐다. 나치는 그때까지 쌓아 온 '노하우'를 총동원해 유례없이 신속하게, 유례없이 많은 인원을 이송했다. 그해 5~7월 약 44만 명의 헝가리 유대인이 화물열차에 실려 아우슈비츠-비르케나우로 끌려갔다.[26] 하루에 6,000명이 넘는 꼴이었다. 그중 32만여 명이 거의 도착하자마자 살해당했다. 아우슈비츠 해방을 불과 6~8개월 남겨 두고 벌어진 일이었다.

애초에 나치가 아우슈비츠를 대규모 절멸수용소로 선택한 주요 이유 가운데 하나가 철도망이 잘 연결되어 있다는 것이었다.[27] 근대의 위대한 유산이자 오늘날 수많은 여행자가 자유롭게 국경을 넘나드는 수단, 유럽을 거미줄처럼 촘촘히 연결하는 철도망은 나치의 집단학살을 가능케 한 커다란 축이

---

25 위의 책, 1104쪽 참조.

26 위의 책, 1159쪽; 미국 홀로코스트 기념관 웹사이트 Holocaust Encyclopedia 카테고리의 'DEPORTATIONS TO KILLING CENTERS' 항목 참조.

26.

27 위의 책, 1238쪽.

었다. 그 비유대로 이 거미줄에 걸린 사람들을 기다리고 있던 것은 죽음이었다.

기차 이동 자체도 가혹했다. 나무 궤짝처럼 생긴 화물열차 한 량에 최대 120명까지 밀어 넣었다. 다닥다닥 붙어서라도 바닥에 누울 수 있는 최대 정원은 50명가량이었다. 100명이 넘어가면 모두가 서 있거나 교대로 쪼그려 앉아야 했다. 음식도, 물도, 급한 용변을 해결할 요강도 제공되지 않았다. 빛과 공기를 들이는 창문이라고는 천장 가까이 뚫린 손바닥만 한 구멍이 전부였다. 2005년에는 부다페스트에서 크라쿠프까지 열 시간, 다시 아우슈비츠까지 두 시간 정도가 걸렸지만, 당시에는 선로 상태나 기차의 성능이 떨어졌을뿐더러 중간중간 군용 열차를 먼저 보내려 몇 시간씩 기다리느라 하루 이상이 걸렸다. 그리스 테살로니키에서 오는 열차는 2주 이상이 걸리기도 했다. 그사이 이미 많은 사람이 질식해 죽거나 미쳐 버렸고, 그것은 정확히 나치가 원하는 결과였다.[28]

파리한 푸른빛이 감도는 새벽녘 폴란드 크라쿠프에 도착

---

28 프리모 레비, 《가라앉은 자와 구조된 자》, 이소영 옮김, 돌베개, 2014, 131~132쪽 참조.

했다. 곳곳에 쌓인 눈을 피해 힘겹게 캐리어를 끌고 숙소에 들어가선 바로 쓰러져 잠들었던 것 같다. 크리스마스고 뭐고, 오후 늦게야 일어나 주린 배를 채우기 위해 길을 나섰다. 밖에는 이미 어스름이 내려앉고 있었다. 좀 허망한 기분이 들었는데, 고맙게도 도시만큼 오래된 중앙광장에서 작게나마 크리스마스 마켓이 열리고 있었다.

중앙광장 크리스마스 마켓은 이 도시처럼 작고 소박하고 노쇠한 인상이었다. 그러나 크리스마스를 홀로 보내는 외로운 여행자에게 이보다 더 잘 어울리는 곳도 없을 것이다. 한쪽에선 무료로 멀드와인을 나눠 주고 있었다. 멀드와인을 끓이는 훈기와 향긋한 냄새에 마음이 사르르 풀렸다. 한 잔을 받아들고 호호 불어 가며 마시니 몸에 온기가 돌았다. 부다페스트 지하철에서 잃어버린 장갑을 대신할 털장갑도 하나 샀다. 이만하면 괜찮은 크리스마스라고 할 만했다.

제2차 세계대전 당시 바르샤바를 비롯한 폴란드의 다른 도시들이 나치의 폭격으로 초토화되어 갈 때도 크라쿠프는 폴란드 통치를 위한 제3제국(나치 치하의 독일) 총독부의 전략적 거점이자 수도로서 구시가지를 비교적 온전히 보전할 수 있었다. 중세시대의 모습을 고스란히 간직한 역사지구는 훗날 유네스코 세계유산으로 등재됐다. 시내를 굽어보는 언덕 위 아름다운 바벨성이 한스 프랑크가 이끄는 총독부 본부로 쓰였다. 한스 프랑크는 1940년 12월 19일 크라쿠프에서 행한 연설에서 폴란드를 가리켜 "유대인들과 이가 들끓는 나라"라고 했다.[29] 1941년 12월 16일 연설에서는 다음과 같이 말했다. "어떠한 방식으로든—저는 여러분에게 아주 솔직하게 말하고자 합니다—우리는 유대인들을 끝장내야 합니다. (……) 기회가 된다면 언제라도 그들을 몰살해야 합니다."[30] 프랑크는 자신의 말을 매우 충실히 이행했다. 아우슈비츠 외에도 약 90만 명이 학살당한 트레블린카를 비롯해 여러 절멸수용소가 위치했던 폴란드에는 1939년 당시 약 335만 명의 유대인이 살고 있었으나, 1945년에는 그 수가 5만 명으로 줄었다.[31]

동유럽 여행을 계획하며 폴란드에서 많이들 가는 바르샤바 대신 크라쿠프를 선택한 건 아우슈비츠와 가깝기 때문이었다. 대학교 1학년 때 '언론의 이해'란 수업을 들었다. 여름방학의 여

---

29   라울 힐베르크, 앞의 책, 1427쪽.

30   로버트 S. 위스트리치, 《히틀러와 홀로코스트》, 송충기 옮김, 을유문화사, 2011, 162~163쪽.

31   라울 힐베르크, 앞의 책, 1482쪽 참조.

운이 채 가시지 않은 찌뿌둥하고 부산스러운 오전 수업의 첫 시간, 카리스마가 대단하기로 소문난 교수님이 들어와 인사를 한 뒤 처음으로 꺼낸 말이 방학 중에 아우슈비츠에 다녀왔다는 것이었다. 그는 사회과학도로서 유럽으로 배낭여행을 갈 기회가 있다면 그곳에 꼭 들러야 한다고 강조했다. 말과 글로는 다 전할 수 없고, 직접 가 봐야만 아는 것들이 있다고. 세계를 보는 눈이 달라지리라고. 나는 그 말을 오래 기억했다. 그리고 조금 과장해서 말하면, 내 세계는 아우슈비츠 방문 전과 후로 나뉘었다.

아우슈비츠에서

'언론의 이해' 수업으로부터 3년 뒤 영국에선 '복싱 데이'라고 부르는 공휴일인 크리스마스 다음 날에 아우슈비츠로 향했다. 크라쿠프에서 기차를 타고 약 두 시간을 달려 자그마한 전원도시 오시비엥침에 내렸다. 전 세계에 폴란드어 이름보다 독일어 이름인 '아우슈비츠'로 더 잘 알려진 곳이다. 제2차 세계대전 당시 나치가 150만 명[32]에 달하는 유대인과 집시, 정치범 들을 학

---

32   아우슈비츠 박물관 공식 안내서의 기록. 대부분의 관련 문헌에서

살한 강제수용소가 있던 곳. 그중 90퍼센트가량이 유대인이었다. 지금은 나치가 퇴각하면서 남긴 현장과 잔해를 대부분 그대로 보존해 박물관으로 개방하고 있다. 흔히 말하는 '아우슈비츠 수용소'란 오시비엥침의 제1수용소와 브제진카(독일명 비르케나우)의 제2수용소, '부나'라는 합성고무를 생산하는 노동수용소였던 모노비체(독일명 모노비츠)의 제3수용소를 아우르는 거대한 지역이다. 오늘날 박물관으로 개방하는 곳은 제1수용소와 제2수용소다.

역에서 약 2킬로미터 떨어진 제1수용소를 향해, 전날 내린 싸락눈이 햇살에 수정처럼 반짝이는 시골길을 걸어가는 순간까지도 내가 보고자 했던 게 무엇이었는지, 앞으로 보게 될 게 무엇인지 잘 알지 못했다. 〈쉰들러 리스트〉나 〈인생은 아름다워〉 따위의 영화에서 보았던 세트장 같은 걸 떠올렸는지도 모른다. 그러나 영화 속 이미지 그대로 여전히 입구에 걸려 있는 나치의 기만적인 표어 'ARBEIT MACHT FREI(노동이 자유롭게 하리라)'와 한때 전기가 흘렀던 가

100만~150만 명으로 추정한다. 명부에 등록되지 않고 가스실로 직행한 사람도 많아 정확한 수를 헤아리기 힘들며, 여전히 조사가 계속되고 있다. 그러나 정확한 숫자를 무슨 수로 알 수 있겠는가.

시철조망을 지나자 예상치 못한 풍경이 펼쳐졌다. 가지런히 늘어선 붉은 벽돌 수용소 건물들은 마치 어느 한적한 교외의 전원주택 단지처럼 보였다. 눈이 시리게 파란 하늘에 방문객도 드물어 그런 인상이 한층 더했다. 그 광경은 그곳에 남겨진 상흔과 괴리되어 부조리한 느낌마저 풍겼다. 나중에 알게 된 사실이지만, 내가 이곳을 찾은 2005년 한 해에만 100만 명 가까운 방문객이 다녀갔을 정도로 평소에는 무척 북적거리는 곳이다. 휴관일을 무시하더라도 하루 평균 2,700명이 넘는 숫자다. 그러나 이날엔 방문객이 채 100명이 안 되어 보였다. 덕분에 대부분의 장소에서 홀로 차분하게 보고 느끼고 생각할 수 있었다.

1940년 원래 폴란드군 막사였던 스무 채의 벽돌 건물을 나치가 접수한 뒤 정치범 수용소로 사용한 것이 아우슈비츠의 시작이었다. 그러다 수용자들이 늘어나자 1941년 봄에 여덟 채의 건물을 새로 짓고, 원래 단층이었던 기존 건물 열네 채에 2층을 지어 올렸다. 그 일을 맡은 건 수용자들 자신이었다. 변변한 건설 장비도 없이 직접 땅을 파 기반을 다진 뒤 벽돌과 시멘트와 모래를 나르고 쌓아 올렸다. 그 과정에서도 혹사와 툭하면 가해지는 체벌로 많은 사람이 죽었다.

이후로 수많은 사람이 수많은 곳에서 실려 왔다. 북쪽으로는 노르웨이 오슬로와 에스토니아 나르바부터 남쪽으로는 그리스의 아테네와 로도스섬에서까지.

평화로운 외관과 달리 건물 안팎의 전시물과 안내판의 내용은 방문객들을 심리적 그로기 상태로 몰고 간다. 아우슈비츠 제1수용소에는 강제 노동이나 생체 실험, 가스실 학살 등 우리가 익히 알고 있는 나치의 만행을 실감나게 재현한 디오라마도, 멀티미디어를 활용한 극적인 영상도 없었다. 발소리와 이따금 사람들이 주고받는 나지막한 대화만 들릴 뿐 고요하기 그지없는 전시실에는, 그 대신 낮은 조도의 조명 아래 가스실 학살에 사용된 치클론B의 빈 깡통, 수용자들의 여행가방, 안경, 의족, 머리카락, 옷가지, 신발 등이 각각 수북이 쌓여 있었다. 1945년 1월 러시아군이 수용소를 해방할 당시 발견한 머리카락 2만 톤, 신발 11만 짝, 여행가방 3,800개(그중 2,100개에 주인의 이름이 쓰여 있었다), 냄비와 프라이팬 12,000개, 의족과 치아교정기 470개, 줄무늬 의복 387벌 등의 일부다.[33] 한

---

33   아우슈비츠 박물관 공식 웹사이트의 〈2015년 연례 보고서〉 57쪽(PDF). 박물관 공식 웹사이트에서 2006년부터 현재까지의 연례 보고서를 다운받을 수 있다.

33.

때 이름과 생명을 가졌던 개개인의 일부이거나 소유물이었던 것들이 주검 대신 남은 것이다. 내가 본 여행가방 중에는 '프라하에서 온 마리 카프카', '빈에서 온 클라라와 사라 포히트만'의 것도 있었다.

생존자들의 증언에 따르면 아우슈비츠로 향하는 기차에 오르기 전에 가능한 모든 것을 지참하라는 권고 또는 명령이 되풀이됐다. 호송대원들은 특히 금, 보석, 모피, 그 밖의 귀중품을 챙기라고 강조했고, 비교적 거리가 가까운 헝가리와 슬로바키아의 유대인 농부들에게는 작은 가축들까지 가져가라고 주문했다. 그들은 "공모의 분위기를 풍기며 '모든 물건이 너희들에게 다 쓸모가 있을 거야'라고 우물거리곤 했다".[34] 물품들은 아우슈비츠에 도착하자마자 모두 압수되어 '카나다(캐나다)'라는 은어로 불리는 창고로 보내졌다. 제3제국이 손쉽게 자원을 강탈하는 수법이었다. 전시실에서 본 수많은 여행가방과 생필품은 그런 연유로 이곳에 남게 된 것이다.

박물관에서 일반적으로 접하는 가지런한 전시물과 달리,

---

34   프리모 레비, 앞의 책, 131쪽.

그 주인들의 운명을 증언하듯 마치 버려진 것처럼, 내던져진 것처럼 아무렇게나 쌓여 있는 물건들은 '실재'로서 그 어떤 '재현'보다도 강렬했다. 찢기고 헐고 망가진 사물들이 울부짖는 것처럼 보였다. 나는 충격에 사로잡혀 입을 막고 간신히 비명을 삼켰다. 그러나 따로 모아 놓은 어린아이들의 옷가지를 보면서는 (아마도 전시 기획자들이 의도한 대로) 결국 눈물을 터뜨리고 말았다. 노동력에 도움이 되지 않는 아이, 노인, 장애인 등은 대부분 이곳에 도착하자마자 명부에 등록되지도 못한 채 바로 총살당하거나 가스실로 끌려갔고, 그 수가 얼마나 되는지는 다 헤아릴 길이 없다. 그 때문에 1944년 9월까지 아우슈비츠에는 공식적으로 어린아이들이 없었다.[35] 박물관이 이러한 물건들에 큰 공간을 할애한 의미, 그리고 그 물건들이 지닌 보다 깊은 의미에 대해서는 아우슈비츠 생존 작가 프리모 레비의 수기를 통해 짐작할 수 있다.

일상적인 사소한 습관 속에, 손수건, 낡은 편지, 소중한

---

35   위의 책, 143쪽.

사람의 사진 등 가장 가난한 거지조차 간직하고 있을 법한 우리의 수백 가지 소지품들 속에 각각 어떤 가치, 어떤 의미가 담겨 있는지 생각해 보라. 그것들은 우리의 일부분이었고 우리의 팔다리나 다름없다. (……) 이제, 사랑했던 사람들뿐만 아니라 집, 자신의 습관, 옷, 다시 말해 말 그대로 가지고 있던 모든 것을 다 빼앗겨 버린 사람을 상상해 보라. 그는 고통과 욕구만 남은, 존엄성이나 판단력을 잃어버린 텅 빈 인간이 될 것이다. 모든 것을 잃은 사람이 자기 자신을 잃는 건 쉬운 일이니까. 그리하여 그의 삶과 죽음은 인간적인 친밀감 따위에 전혀 영향받지 않고 아주 가볍게 결정될 것이다.[36]

이어지는 다른 블록에는 수용자들의 비참한 생활상을 엿볼 수 있는 물품들이 전시되어 있다. 해진 청회색 줄무늬 유니폼, 수용자들의 식사였던 희멀건 죽과 주먹만 한 빵 한 덩

---

36 프리모 레비, 《이것이 인간인가》, 이현경 옮김, 돌베개, 2007, 34~35쪽.

이 모형, 지푸라기나 대팻밥을 채워 넣은 납작하고 더러운 매트리스……. 수용자들은 제때 화장실에 갈 수도, 씻을 수도 없었다. 제대로 된 의복과 신발을 지급받지 못했다. 1944년에는 아무것도 입지 못하고 맨몸으로 다니는 유대인이 수천 명에 달했다.[37] 이곳의 모든 세부는 단 한 가지 목적, 곧 수용자들에게 최대한의 고통을 안겨 주고 인간으로서 마땅히 누려야 할 최소한의 존엄을 빼앗기 위한 목적에 봉사했다. 고통에 찌그러지고 영혼을 잃어버린 비≠인간들의 목숨을 빼앗는 일은 가축을 도륙하는 일만큼이나 손쉽게 여겨졌다.

이른바 '죽음의 블록'이라 불리는 11블록 지하에는 봉기를 모의하거나 탈출을 시도하다 붙잡힌 수용자들을 가둬 둔 감방이 있다. 보기만 해도 숨이 턱 막히는, 사람 한 명이 겨우 서 있을 만한 '직립 감방'들이다. 벽돌 굴뚝들이 다닥다닥 붙어 있는 모양새다. 낮에는 다른 수용자들과 똑같이 고된 노동을 하고 밤이면 이곳으로 돌아오는 식으로 며칠에서 최대 열흘 넘게 지낸 많은 이가 질식 또는 탈진으로 죽었다.

10블록과 11블록 사이 마당에는 교수대가 있다. 수용소

---

37   라울 힐베르크, 앞의 책, 1267쪽.

내 기강을 잡기 위한 본보기로 수많은 수용자의 목숨을 앗아 갔던 교수대에서 마지막으로 처형된 사람은 아이러니하게도 아우슈비츠 초대 소장이자 마지막 소장, 또한 최장기 소장이었던 루돌프 회스였다. 그는 폴란드 군사법정에서 사형을 언도받고 1947년 4월 16일 이곳에서 최후를 맞았다.

제1수용소가 말끔한 외관과 그와 대비되는 세부로 충격을 던진다면, 그곳에서 약 3킬로미터 떨어진 비르케나우 또는 아우슈비츠 제2수용소는 규모로 압도한다. 그곳으로 걸어가면서도 나는 다시 한번 무엇을 보게 될지 짐작조차 하지 못했다. 나치의 최대 절멸수용소였던 비르케나우에는 약 1.8제곱킬로미터 부지에 300동 이상의 건물이 있었다. 박물관 안내서에 따르면, 폴란드 유대인들을 대대적으로 이송해 온 뒤인 1944년 8월 어느 날 점호 때에는 수용자가 10만 명에 달했다. 조직적인 가스실 학살은 대부분 이곳에서 이루어졌다.

지금도 남아 있는, 수용자들을 끊임없이 실어 나르던 '죽음의 기찻길'을 축으로 수용소 건물과 잔해가 까마득한 지평선까지 빽빽하게 늘어서 있다. 건물들은 나치가 퇴각하면서 대부분 폭파해 버렸지만 굴뚝들이 남아 수용소의 규모를 증언

한다. 정문의 나치 친위대 위병 초소에 올라 그 아득한 모습을 멍하니 내려다보면서 "너무 넓다"고 몇 번이나 중얼거렸다. 그 것은 150만 명이라는 그저 막연하게만 느껴지던 살상의 규모 를 역시나 강렬한 시각적 체험으로 가늠케 하는 풍경이었다.

사람이 많은 만큼 이곳의 생활환경은 제1수용소보다 훨 씬 열악했다. 제1수용소에서처럼 기만적이나마 최소한 인간 의 주거 형태를 갖춘 시설은 찾아볼 수 없다. 일부 남아 있는 건물들은 규모만 클 뿐 영락없이 가축우리 같았다. 안으로 들어서니 차갑고 축축한 공기에 온몸에 소름이 돋았다. 수 용자들은 기온이 영하로 떨어지는 한겨울에도 이불이나 베 개조차 없이, 벽돌을 쌓고 널빤지를 이어붙인 3층 침대에서 잤다. 3층 침대 하나에 최대 열다섯 명까지 배정됐다. 그러 다 침대가 무너져 내려 사람들이 층층이 깔리기도 했다.[38]

죽음 공장

아우슈비츠를 아우슈비츠이게 하는 건 단순히 살상의 규모 만은 아니다. 프리모 레비가 역사를 통틀어 전 세계에서 출현 했던 수많은 수용소와 자행됐던 수많은 집단살해 가운데서도 아우슈비츠를 일컬어 "유일무이한 것"[39]이라고 이탤릭체로 강조해 표현한 의미를, 이탈리아 철학자 조르조 아감벤은《아우슈비츠의 남은 자들》에서 이렇게 설명한다.

> 수용소를 정의하는 것은 그저 단순한 삶의 부정이 아니라는 것, 죽음도 피해자의 숫자도 전혀 수용소의 공포를 다 말해 주지 못한다는 것, 수용소에서 침탈된 존엄은 삶의 존엄이 아니라 죽음의 존엄이라는 것은 이미 여러 차례 주장된 바 있다. (……) 아우슈비츠에서 사람들은 죽지 않았다. 보다 정확히 말해 시체들이 생산됐던 것이다. 죽음을 갖지 못한 시체들, 죽음이 연쇄 생산의 재료로 전락해 버린 비인간들 말이다. 그리고 어느 정도는 합당하고 또 널리 인정받는 해석에 따르면, 바로 이런 죽음의 격하야말로 아우슈비츠의 특유한 죄악을 이루는 것이며 그 공포에 걸맞은 이름이 된다.[40]

38   위의 책, 1267쪽.

39   프리모 레비,《가라앉은 자와 구조된 자》, 21쪽.

40   조르조 아감벤,《아우슈비츠의 남은 자들》, 정문영 옮김, 새물결, 2012, 107~109쪽.

아감벤이 '생산'이라는 표현을 통해 암시하듯이 아우슈비츠는 일종의 '공장'이었다. 그것도 도급 업체였다. 나치 친위대는 아우슈비츠에서 이루어진 가스실 학살의 거의 전 과정을 '존더코만도(특수작업반)'라고 이름 붙인 수용자들에게 맡겼다. 그들의 임무는 벌거벗은 수용자들을 질서 정연하게 가스실로 이끌고 가서 죽음을 맞게 하는 것이었다. 친위대원이 하는 일은 수용자들이 가스실로 모두 들어서면 내부의 조명을 끄고 뚜껑이 달린 수직 굴뚝으로 치클론B 깡통 두 개를 털어 넣는 것뿐이었다. 치클론 알갱이가 바닥에서 기화하면서 시안화수소가 발생하고, 수용자들이 비명을 지르기 시작한다. 비명 소리는 2분쯤 이어지다가 15분이면 완전히 멎었다. 그 뒤부터는 다시 존더코만도의 몫이었다. 그들은 바닥의 가스를 피하느라 탑처럼 쌓인, 피부가 분홍색과 녹색으로 물든 시체들에 호스로 물을 뿌려 남은 독을 씻어 낸 뒤, 귀중품이 숨겨져 있지 않은지 사체의 구멍을 모조리 확인했다. 입안에서 금니를 뽑아내고 여성의 머리카락을 잘라 내 염화암모니아로 씻었다. 그러고는 시체를 수레에 실어 화장터로 가져가 소각하고, 마지막으로 남은 재를 아궁이에서 비워 내야 했다.[41] 존더코만도의 수는 시기에 따라 700~1,000명에 달했다. 아우슈비츠 박물관 안내서에 따르면, 아우슈비츠 제1수용소에 있던 210제곱미터 크기의 지하 가스실 한 군데서만 한 번에 약 2,000명을 살해했다.

트레블린카 수용소에 있던 가스실 입구에는 유대교의 상징인 다윗의 별이 커다랗게 걸려 있었고, 그 아래에는 히브리어로 다음과 같이 적혀 있었다. "이곳은 하느님께 가는 관문이다. 의로운 자는 통과하리라."[42] 레비는 《가라앉은 자와 구조된 자》에서 이들 "유대인을 화로 속에 넣어야 했던 유대인"의 존재에 대해 고통스럽게 고찰한다.[43] 이는 희생자들에게 죄의 짐마저 떠넘기려는 시도며, 그럼으로써 친위대의 양심의 가책을 더는 일이었다. 레비는 이를 "국가사회주의의 가장 악마적인 범죄"라고 일갈한다.[44]

제2수용소의 가스실과 화장터는 나치가 퇴각하며 증거를 인멸하기 위해 폭파해 버렸지만, 제1수용소에는 일부 가

---

41   라울 힐베르크, 앞의 책, 1332~1333쪽; 조르조 아감벤, 앞의 책, 34쪽 참조.

42   조엘 딤스데일, 《악의 해부》, 박경선 옮김, 에이도스, 2017, 33~34쪽.

43   프리모 레비, 《가라앉은 자와 구조된 자》, 58쪽.

44   위의 책, 60쪽.

스실과 화장터가 보존되어 있다. 그곳에 들어섰을 때 이상하게 일렁이던 공기를 지금도 잊을 수 없다. 타르처럼 끈적한 어둠, 축축하고 무거운 공기, 연기처럼 영혼처럼 뿌옇게 부유하던 빛과 먼지. 실제였는지 착각이었는지, 탄내가 남아 있는 듯했다. 격앙된 마음을 가라앉히기가 어려웠다. 나도 모르게 주먹을 꽉 쥐고 숨을 꾹 참고 있었다. 마치 그곳에 아직 치클론 가스가 남아 있기라도 한 것처럼. 얼마 못 견디고 도망치다시피 밖으로 뛰어나와 숨을 몰아쉬었다.

아우슈비츠가 공장이라는 의미는 시체를 생산했다는 은유일 뿐만 아니라, 실제로 원재료를 공급하고 제품을 생산하는 기능을 담당했다는 역사적 사실이다. 히틀러와 그 수하들만이 아니라 독일과 폴란드의 수많은 민간인이 직간접적으로 아우슈비츠와 엮여 있었다. 여성 시체에서 잘라 낸 머리카락은 1킬로그램당 50페닝에 독일 직물회사에 팔려나가 침대 매트리스나 천 등으로 짜였다. 하루에 수 톤씩 화장터에서 나온 재는 채 타지 못한 치아나 뼈가 섞여 있어 쉽게 알아볼 수 있었음에도 다양한 목적으로 사용됐다. 습지대를 메우는 시멘트 대신으로, 목조건물의 벽 사이에 넣을

단열재로, 심지어 인산비료로 말이다. 수용소 옆에 위치한 나치 친위대 마을의 길을 포장하는 데 자갈 대신 쓰기도 했다.[45]

제3수용소에서는 거대 화학회사인 이게파르벤IG Farben의 주도로 수용자들의 노동력을 가혹하게 착취해 합성고무 부나를 생산했다. 그 공장을 짓는 데만 170여 개 건설회사가 투입됐고, 아우슈비츠로 관련 회사의 직원들이 쏟아져 들어왔다. 이 공장에 배치된 수용자들은 말 그대로 죽을 때까지 일해야 했다. 십장들은 수용소 노동자들에게 시멘트를 지고 달려야 하는 "친위대 속도"를 요구했다. 1944년 어느 날 한 임원은 공장에 새로 도착한 수용자들을 '환영'하면서 다음과 같이 연설했다. "여러분은 여기에 살기 위해 온 것이 아니라 콘크리트 속에서 죽기 위해 온 것입니다." 결과적으로 이게파르벤에 고용된 수용소 노동자 35,000명 중 최소 25,000명이 죽었다.[46] 프리모 레비는 그곳에서 살아남은 사람 중 하나였다. 나치 치하에서 막대한 이익을 취하며 한때 유럽 최대 기업이자 세계 최대 화학 및 제약 기업으로 성장했던 이게파르벤은

---

45   위의 책, 151쪽.

46   라울 힐베르크, 앞의 책, 1286~1287쪽.

전후에 해체됐지만, 바스프, 바이엘, 훼히스트, 아그파는 개개의 기업으로 살아남아 오늘날까지 기업활동을 이어 오고 있다.[47] 레비는 그 모양을 보면서 어떤 마음을 품었을까?

아우슈비츠 소각장 4기를 건설하는 데 참여한 기업만 해도 열 곳이 넘었다.[48] 그중 전기 관련 설비를 담당했던 아에게AEG 또한 대표적인 나치 부역 기업으로, 오늘날 기업은 해체됐지만 가전제품 브랜드로 남아 우리에게도 익숙한 이름이다.[49] 독일 에르푸르트를 기반으로 아우슈비츠-비르케나우를 비롯한 여러 절멸수용소에 소각로를 건설하고 일련의 기술 작업을 맡았던 토프 *J. A. Topf & Söhne*라는 화장로 회사는 1996년까지도 영업을 했다.[50]

보통 사람들의 홀로코스트

그러므로 사람들은 아우슈비츠에서 일어나는 일을 모를 수

47.

47   영문 위키피디아 'IG Farben' 항목 참조.

48   라울 힐베르크, 앞의 책, 1242쪽.

49   영문 위키피디아 'AEG' 항목 참조.

49.

50   영문 위키피디아 'Topf and Sons' 항목 참조.

50.

가 없었다. 레비는 "라거(강제수용소)에 대한 진실을 확산시키지 않았다는 것이야말로 독일 민족이 저지른 가장 중대한 집단 범죄"라고 신랄하게 비판했다.[51] 앞서 살펴본 것처럼 절멸수용소와 직간접적으로 관련이 없었다 하더라도, 독일 점령지 내의 거의 모든 보통 사람은 어느 날 이웃의 유대인들이 부당하게 해고를 당하고, 다윗의 별을 가슴에 달고 다니고, 길에서 구타를 당하고, 도시의 한 구역으로 격리되고, 급기야 갑자기 사라지는 모습을 보았다. 그들은 모를 수가 없었다. "따라서 파괴에 대한 중립적 태도는 무지의 문제가 아니었다. 그것은 오히려 사람들이 가장 쉽게 선택하고 합리화할 수 있는 전략의 결과였다. 중립은 타인을 돕는 위험과 비용은 부담하지 않으면서, 면전에서 상해를 가하는 가해자들을 편드는 도덕적 부담도 지지 않는 안전한 노선이었다. 집에 가만히 있는 것은, 유대인의 위험과 고통을 지켜보면서 마음을 다치는 것을 미연에 방지할 수 있는 안전한 대응방식이었다."[52] "그들은 단지 세금을 납부하고, 지역신문을 읽고, 라디오를

---

51 프리모 레비, 《가라앉은 자와 구조된 자》, 14쪽.

52 라울 힐베르크, 앞의 책, 1456쪽.

들으며, 예전에 했던 것과 마찬가지로 살아갈 뿐이었다."[53]
지구상에 존재하는 한 민족의 3분의 1이 사라지는 사이에 평범한 이웃들은 그렇게 방관함으로써 그 과정을 도왔다.

거기서 나아가 일부는 이 파괴 과정에 적극적으로 동조하며 가담했다. 옛 소련 지역에서는 훤한 대낮에 지역의 나치 부역자들이 독일 군경에 합세해 비무장 상태였던 유대인 남녀와 어린이를 총으로 쏴 죽였다. 그 수는 1943년 말까지 200만 명에 이르러 아우슈비츠의 학살 규모를 뛰어넘는다.

예루살렘 헤브루 대학의 유대인역사학 석좌교수 로버트 S. 위스트리치는 개론서《히틀러와 홀로코스트》에서 유럽 각지의 나치 부역을 비중 있게 다룬다. 유대인과 이웃으로 살았던 현지 경찰조직과 민간인의 발고와 협력이 없었다면 낯선 지역에서 나치가 유대인들을 그렇게 샅샅이 색출해 내는 일은 현실적으로 어려웠다는 것이다. 이를테면 1942년 우크라이나와 벨라루스의 농촌 지역에서 게토 소탕 작전이 벌어질 때 현지 경찰 수는 독일 치안경찰 수의 다섯 배가 넘

---

53   밀턴 마이어,《그들은 자신들이 자유롭다고 생각했다》, 박중서 옮김, 갈라파고스, 2014, 91쪽.

었다. 리투아니아인들은 1941년 6월 25일 밤 카우나스에서 유대인 1,500명을 살해한 것을 시작으로 "독일인들조차 질릴" 만큼 광란의 학살을 자행했다. 리투아니아 내 유대인 90퍼센트 이상이 목숨을 잃었으며 그 가운데 3분의 2 이상이 현지인으로 구성된 부대에 의해 살해당한 것으로 추정된다. 루마니아는 나치 점령 이전에도 반유대주의가 특히 심한 나라 중 하나였으며, 독일의 개입 없이도 자국 내 유대인 약 25만 명을 온갖 방법으로 학살했다. 이러한 하수인들은 민족주의적 행동대원, 잔인한 반유대주의자, 출세주의자, 전과자, 그리고 더 확실한 수입원을 원한 일반 농민 등 다양한 부류였고 참여 동기 또한 다양했다.[54]

반대의 경우도 있었다. 의회가 발달하고 왕정과 조화를 이루었으며 반유대주의 전통이 희미했던 불가리아는 전쟁 동맹국이었음에도 독일의 유대인 강제이송 요구를 거부했고, 그 덕분에 이곳의 유대인 5만 명은 거의 전부 살아남았다. 의회와 관료, 성직자, 지식인뿐만 아니라 일반 시민들의 강력한 반대가 영향을 미쳤다. 덴마크는 나치 점령 지역 중

54   로버트 S. 위스트리치, 앞의 책, 231~248쪽 참조.

유일하게 대중이 대대적인 반나치 운동을 벌여 모든 유대인이 살아남은 나라였다. 1943년 10월 1일 독일의 강제이송 계획이 개시될 것을 덴마크 정부 관리들에게서 은밀히 전해 들은 유대인 지도자들은 피난을 준비할 시간을 벌 수 있었다. 10월 내내 유대인들은 덴마크 어선들의 도움으로 좁은 해협을 건너 중립국인 스웨덴으로 넘어갔다. 그 비용은 부유한 시민들이 댔다. 스웨덴 또한 반유대주의의 영향에서 완전히 벗어난 나라는 아니었지만, 이웃 나라에서 넘어온 유대인들을 조건 없이 받아들였으며 그들에게 취업 허가를 내주었다. 1941년 2월 네덜란드 내 나치가 유대인들을 대대적으로 검거하고 이들에게 폭력을 행사하자, 암스테르담 노동자들이 이틀간 총파업을 벌여 이에 항의했다. 이는 전시 유럽에서 나치의 유대인 정책에 항의하는 최초의 공개 시위였다. 벨기에 경찰은 나치에 협조하지 않는 편을 택했으며, 철도 노동자들은 때때로 강제이송 차량을 고의적으로 느슨하게 연결해 일부 유대인들에게 도망칠 기회를 마련해 주었다.[55]

물론 이 지역들에서는 독일의 영향력이 상대적으로 약했

---

55 위의 책, 248~258쪽 참조.

고 유대인의 수가 적었기에 이런 일이 가능했다고 쉽게 말할 수도 있을 것이다. 하지만 정말 그게 전부일까? 그렇다면 왜 엇비슷한 독일 점령지 중에서도 어떤 나라는 더욱 잔혹하고 자발적인 방식으로 유대인 학살에 가담하고, 어떤 나라는 소극적으로나마 저항했는지를 어떻게 설명할 수 있을까? 희생자 수가 아니라 비율로 따졌을 때 왜 어떤 나라에서는 90퍼센트 이상의 유대인이 살아남은 반면 어떤 나라에서는 90퍼센트 이상이 목숨을 잃었을까? 이 극단적인 차이를 어떻게 이해해야 할까? 우크라이나와 리투아니아와 루마니아 사람들이 불가리아와 덴마크와 네덜란드 사람들보다 선천적으로 악하다고 말할 수 있을까?

학자들은 어떤 나라에서 히틀러가 등장하기 훨씬 전부터 이어져 온 반유대주의 전통이 뿌리 깊을수록, 경제가 피폐하고 국가체계가 붕괴되어 있을수록, 시민사회의 발달 수준이 낮을수록 유대인의 희생이 컸다는 점을 지적한다. 홀로코스트를 정면으로 다룬 비교적 최근 저작인 《블랙 어스》에서 역사학자 티머시 스나이더는 이와 비슷하지만 더 극단적인 견해를 제시한다. 반유대주의나 시민들의 태도는 사실상 중요하지 않았고 국가의 부재가 유대인 집단학살에 압도적 역할을 했다는 것이다. 그에 따르면 소련이 점령하면서 이미 국가체계가 완전히 파괴된 뒤 독일이 재점령한 동구 지역들, 즉 우크라이나, 발트 3국인 리투아니아·에스토니아·라트비아, 루마니아 등에서는 굳이 수용소가 필요 없었다. 대낮에 구덩이에서 유대인들을 쏘아 죽여도 정부로부터 아무런 저항이나 제재가 없었기 때문이다. 그러나 독일에 점령됐을지언정 국가체계를 유지했던 서유럽과 일부 북유럽 국가들에서 유대인을 학살하는 것은 완전히 다른 문제였다. 스나이더는 나치가 왜 굳이 '번거롭게' 이들 국가의 유대인을 먼 아우슈비츠로 데려와 죽였는가 하는 근원적인 물음에 단명한 답을 내놓는다. 국가가 기능하는 곳에서 국가가 파괴된 곳으로 희생자들을 끌어낸 것이다.[56]

---

56 더 자세한 내용은 《블랙 어스》(티머시 스나이더, 조행복 옮김, 열린책들, 2018) 8장 〈아우슈비츠 역설〉을 참고하라. 특히 지정학이나 인구학적으로 매우 유사했으나 유대인의 희생에서 극단적으로 갈렸던 두 나라 에스토니아와 덴마크를 비교한 299~306쪽을 보라. 스나이더에 의하면 위스트리치가 《히틀러와 홀로코스트》에서 일종의 미담으로 소개했던 사례의 나라들도 철저히 국제정치의 잇속에 따라 움직인 것이었다. 어떤 쪽의 주장을 어느 정도로 받아들일지는 각자의 몫이다.

어쩌면 스나이더의 지적대로 개개인의 태도는 유대인들의 생사에 그리 큰 문제가 아니었을지 모른다. 그러나 사회학자나 역사학자는 어떤 사건을 촉발한 거시적 동인을 설명하기 위해 자신의 주장에 맞지 않는 사례들을 뭉텅이째 '예외'로 취급하고 개인들의 영향을 과소평가하는 경향이 있다. 스나이더의 주장에도 같은 맹점이 있다. 《블랙 어스》의 후반 상당 부분을 유대인들을 구하기 위해 애썼던 사람들의 이야기에 할애하고 있으면서도 말이다.

아우슈비츠를 대하는 우리의 자세

나치 시대 보통 사람들의 이야기는 지금을 살아가는 우리에게 커다란 도덕적 질문을 던진다. 히틀러, 괴벨스, 힘러, 아이히만, 회스 등 익히 알려진 주요 나치 전범들에 거리감을 두기는 쉬운 일이다. 그들이 어떻게 그토록 극악무도한 반인륜 범죄를 저지를 수 있었는지 파헤치는 숱한 연구가 진행되고 숱한 관련 서적이 출간됐지만 그럼에도 그들을 이해하기란 여전히 어렵다. 우리 중 대부분은 살면서 그만한 결정권자의 자리에 오르지 못하기 때문이다. 그러나 타인의 고통에 눈감았던 보통 사람의 마음에 관해서라면 너무나 잘 알고 있다. 스나이더의 논의를 따른다 하더라도, 건강한 민주국가 체계를 세우는 문제는 다시 시민의식의 문제로 돌아온다. 우리가 학살 생존자들의 목소리에 귀를 기울여야 하는 이유가 바로 여기에 있다.

프리모 레비는 아우슈비츠가 오늘날의 세계에서 점점 더 먼 과거의 일, 역사책 속에나 등장하는 숱한 희미한 사건 중 하나가 되어 가는 상황을 우려했다. 자살하기[57] 한 해 전인 1986년에 남긴 유작 《가라앉은 자와 구조된 자》에서 세계가 자신들(아우슈비츠 생존자들)의 이야기에 계속 귀를 기울여야 하는 이유에 대해 다음과 같이 말했다.

> 사건은 일어났고 따라서 또다시 일어날 수 있다. 이것이 우리가 말하고자 하는 핵심이다. 모든 곳에서 일어날 수 있다. (……) 나치의 광기를 촉발한 모든 요소들이 또다시, 동시에 일어나는 일은 그다지 있을 법하지 않다. 그러나 몇 가지 전조가 윤곽을 드러내고 있다.[58]

---

57 유명인의 자살이 으레 그렇듯이 레비의 죽음을 둘러싸고도 수많은 논란이 일었으나, 결론은 자살 쪽으로 기울었다.

58 프리모 레비, 《가라앉은 자와 구조된 자》, 247~248쪽.

레비가 우려했던 전조들은 2020년대를 전후해 전 세계의 극단적 우경화로 현실이 되어 가고 있다. 그러나 한편으로 아우슈비츠 박물관을 찾는 방문객의 숫자는 매년 가파르게 늘어나는 추세다. 박물관 공식 웹사이트에서 제공하는 연례 보고서에 따르면, 코로나 팬데믹 직전인 2019년 한 해 동안 전 세계 232만 명이 이곳을 찾았다. 내가 방문했던 2005년에는 927,000명이었으니, 14년 사이 두 배가 훨씬 넘게 증가한 셈이다.[59] 이를 그저 전 세계 여행산업의 폭발적 성장이라는 측면에서 해석할 수도 있겠지만, 모두가 알다시피 아우슈비츠는 그리 유쾌한 휴가지가 아니며 주변에 대단히 구미를 당길 만한 다른 관광지가 있는 것도 아니다. 나는 이를 다크투어리즘의 긍정적인 면으로 보고 싶다. 레비가 걱정했던 완전한 망각은 적어도 이곳에 매년 200만 명이 찾아

---

59   아우슈비츠 박물관 공식 웹사이트의 〈2019년 연례 보고서〉 25쪽 (PDF). 연례 보고서가 처음 발간된 2006년 국가별 방문자 통계에서 한국은 35,400명으로 전 세계에서 8위를 차지했다. 그 위 순위에 있는 나라들은 미국과 이스라엘을 제외하면 모두 유럽 국가다. 하지만 2010년대 들어 한국인 방문자 수는 꾸준히 줄어 2019년에는 30위권 밖으로 밀려났다(30위는 5,625명이 방문한 홍콩). 이 극적인 차이를 어떻게 해석해야 할까?

오는 한 일어나지 않을 테니까.[60]

　내가 아우슈비츠를 직접 가 보았다고 해서, 희생자들이 겪었을 고통을 조금이라도 이해하게 됐다고 말한다면 이는 기만일 테다. 《타인의 고통》에서 미국 비평가 수전 손택이 썼듯이, 설사 그 상황을 바로 옆에서 지켜보았다고 하더라도 당사자가 아닌 한 그 고통이 어떤 것인지 "이해할 수도, 상상할 수도 없다".[61] 또한 이러한 장소를 둘러보고 나서 '한국에서 태어나 다행이다' '내가 한국인이란 게 감사하다' '내 삶이 더 소중하게 느껴진다'는 식의 흔한[62] 선 긋기와 안도감은 가능한 최악의 반응들이다. 뒤에서도 계속 살펴보겠지만 제노사이드가 일어난 공간들에, 살해당한 사람들에, 무언가 특이한 점이라고는 없었다. 그러한 일들은 어느 날 우주에서 떨어진 미치광이 몇 명이 저지른 예외적인 사건이 아

60　팬데믹 기간 방문자 수는 2020년 502,600명, 2021년 563,000명, 2022년 1,184,800명이었다(《2022년 연례 보고서》 35쪽). 코로나 바이러스는 이렇게 우리의 집단기억에까지 영향을 미쳤다.

61　수전 손택, 《타인의 고통》, 이재원 옮김, 이후, 2004, 184쪽.

62　인터넷의 아우슈비츠 방문기에서 이런 식의 표현을 어렵지 않게 찾아볼 수 있다.

니라, 어떤 환경과 조건이 맞아떨어졌을 때 언제든지 어느 곳에서든지 다시 벌어질 수 있는 것이다.

일찍이 나치 전범 아이히만의 재판을 기록한 한나 아렌트가 '악의 평범성'이라는 말로 적시했듯이 희대의 만행을 저지른 이들은 대개 임무에 충실하고 대세에 순응한 관료적 인물이었다. 아우슈비츠 소장이었던 루돌프 회스는 회고록에서 다음과 같이 썼다. "나는 나 스스로도 알지 못하는 사이에 제3제국의 거대한 학살기계의 하나의 톱니바퀴가 되고 말았다."[63]

그러니 아우슈비츠는 가자 지구다, 킬링필드는 제주다, 혹은 내가 살고 있는 '바로 지금 여기'다, 라는 인식이야말로 이 고통스러운 여행을 통해 얻을 수 있는 값진 교훈인 셈이다.

해가 기울어 하늘이 연보랏빛으로 물들어 갈 때쯤 비르케나우 수용소를 나서면서, 제1수용소에서부터 내내 방송 카메라가 따라다니던 이스라엘 답사객들과 또다시 마주쳤다.

---

63 루돌프 회스, 《아우슈비츠 수용소장 헤스의 고백록》, 서석연 옮김, 범우사, 2006, 262쪽. 책 제목에 이름 표기가 잘못됐다. 아우슈비츠 소장은 루돌프 회스*Höss*로 써야 한다. 루돌프 헤스*Hess*는 나치의 부총통을 지낸 인물이다.

이스라엘 답사객인 줄 알았던 건 몇몇 사람이 커다란 국기를 몸에 감고 있어서다. 시종일관 침통한 표정을 짓던 그들을 조금 삐딱하게 바라볼 수밖에 없었는데, 이스라엘이 또 다른 가해자가 되어 팔레스타인이나 주변 국가를 상대로 똑같은 과오를 되풀이하고 있기 때문이었다. 아우슈비츠 박물관 입구에는 스페인 태생의 미국 철학자 조지 산타야나의 유명한 경구가 커다랗게 쓰여 있었다. "역사에서 배우지 않으면 똑같은 과오를 되풀이하게 된다."

아우슈비츠에 다녀온 다음 날부턴 다시 흐리고 눈이 내리기 시작했다. 구시가는 순식간에 중세시대로 돌아간 듯했다. 그해 4월에 서거한 폴란드 출신 교황 요한 바오로 2세의 생가 앞에도, 그가 수학했던 야기엘론스키 대학 교정에도 눈이 소복이 쌓였다. 파란 어둠이 내려앉은 저녁에 유대교 회당인 시나고그가 밀집한 유대인 지구를 정처 없이 걷다가 한 위령비를 보았다. 나치에 의해 살해당한 65,000명의 유대계 크라쿠프 시민을 추모하는 내용이었다. 나는 그 앞에 잠시 서서 묵념을 드렸다. 그 위로도 가만히 눈이 쌓이고 있었다. 이 도시가 겪은 끔찍한 비극을 가만히 어루만지듯이.

따스한 집에서

안락한 삶을 누리는 당신,

집으로 돌아오면

따뜻한 음식과 다정한 얼굴을 만나는 당신,

　생각해 보라 이것이 인간인지.

　진흙탕 속에서 고되게 노동하며

　평화를 알지 못하고

　빵 반쪽을 위해 싸우고

　예, 아니요라는 말 한마디 때문에 죽어 가는 이가.

　생각해 보라 이것이 여자인지.

　머리카락 한 올 없이, 이름도 없이,

　기억할 힘도 없이

　두 눈은 텅 비고 한겨울 개구리처럼

　자궁이 차디찬 이가.

　이런 일이 있었음을 생각하라.

당신에게 이 말들을 전하니

가슴에 새겨 두라.

집에 있을 때나, 길을 걸을 때나

잠자리에 들 때나, 깨어날 때나.

당신의 아이들에게 거듭 들려주라.

그러지 않으면 당신 집이 무너져 내리고

온갖 병이 당신을 괴롭히며

당신의 아이들이 당신을 외면하리라.

프리모 레비, 《이것이 인간인가》에서[64]

---

64 프리모 레비, 《이것이 인간인가》, 9쪽.

3장.

킬링필드

캄보디아 청아익과 투올슬렝 제노사이드 박물관

캄보디아 시엠레아프에서 고대했던 앙코르와트 유적지보다 먼저 마주하게 되는 건 '가난'이다. 시엠레아프를 여행하면서 가난을 외면하기란 억지로 숨을 참는 일만큼 어렵다. 그것은 공기처럼 도처에 존재하기 때문이다. 피할 수도 무시할 수도 없다. 아무리 모른 체하려고 해도 어느새 폐 속으로 스며들고야 만다. 그러곤 호텔의 수영장이나 카페의 나무 그늘이 드리운 정원에서 선풍기 바람을 쐬고 아이스커피를 마시며 늘어져 있을 때 문득문득 목구멍으로 차오르는 것이다. 눈을 감아도 코로 맡을 수 있다. 그것은 제대로 처리되지 않은 하수의 냄새, 오토바이 삼륜 택시인 뚝뚝 기사들의 땀에 전 시큼한 몸내, 길거리 좌판에서 페트병에 담아 파는 불순물이 섞인 휘발유의 역한 냄새이기 때문이다. 눈을 감고 코를 막아도 귀로 들을 수 있다. 그것은 한 발짝을 내디딜 때마다 박자를 맞추듯 사방에서 들려오는 "뚝뚝?" "뚝뚝?" "뚝뚝?" 하는 호객 소리와 사원 앞에서 맨발의 아이들이 주문처럼 돌림노래처럼 외치는 "원 딸-라으!" "원 딸-라으!" "원 딸-라으!"이기 때문이다.

세계은행 자료에 따르면 2021년 캄보디아의 1인당 국민소득은 미화 1,580달러 수준으로, 집계한 195개국 중 158위다. 뭇사람이 습관처럼 주워섬기는 '세계 최빈국'은 아니지만, 가난한 나라들 중 비교적 우리나라 사람들이 쉽게 많이 여행 가는 곳이라 직접 보고 느끼고 전하는 바 또한 많아 그런 오명이 좀처럼 사라지지 않는 것 같다. 캄보디아보다 아래 순위의 나라들이 세네갈, 짐바브웨부터 최하위 부룬디까지 대부분 아프리카에 속해 있는 걸 보면 어느 정도 이해가 될 것이다.

가난 관광

시엠레아프는 캄보디아 최대의 관광도시로 도로며 수도, 전기, 기타 편의시설 등이 다른 지역과 비교할 수 없을 만큼 잘되어 있지만, 중심가를 조금만 벗어나도 금세 민낯이 드러난다. 곧 쓰러질 듯한 판잣집들, 썩은 도랑에 넘쳐나는 쓰레기들, 피곤에 찌든 표정들. 가난의 얼굴은 사람과 돈이 흘러드는 도시에서 더욱 날카롭게 벼려지는 법이다.

내가 시엠레아프에 머문 2주 사이에 매일 지나다녔던 중심도로 한복판의 야시장이 불에 타 전소되는 사고가 있었다. 새벽에 일어난 불로 야시장 건물 위층의 주택에서 잠을

자던 사람들이 미처 빠져나오지 못했다고 했다. "여덟 명이 죽었대요. 그중 네 명은 아이들이었어요." 영어를 제법 하던 뚝뚝 기사가 앞을 보고 운전하며 덤덤한 목소리로 전해 주었다. 나중에 기사를 보니, 불이 난 지 40분이 지나서야 겨우 소방차 한 대가 먼저 도착했다고 한다. 소방관들이 호스를 들고 시간을 끌며 상인들에게 돈을 요구했다는 목격자들의 증언도 보도됐다.[65] 그사이 안타까운 생명들이 시커먼 연기 속에서 구조를 기다리다 죽어 갔다. 새까맣게 타 어지러이 널린 잔해 앞을 지날 때마다 그 생각을 떨쳐 버릴 수가 없었다.

이 세계의 일원으로 이들의 가난에 책임이 있다는 죄책감과 부채의식이 끈질기게 나를 따라다녔다. '이거 봐, 난 여기 앙코르와트 보러 온 거야! 놀러 온 거라고! 게다가 현지인들한테 돈을 쓰고 있잖아!'라고 저항해 봐도, 구걸하는 아이들의 눈동자를 볼 때마다 울고 싶어졌다. 일을 시작하면서부터 11년 넘게 매달 유엔 산하 아동구호기구인 유니세프

---

65 〈Siem Reap Market Fire Kills Eight〉, 〈The Cambodia Daily〉 2012.12.10.

에 소액이나마 기부해 왔었다. 그러나 카드에서 자동이체로 매달 얼마간의 돈이 빠져나가는 것과 실제로 도움이 필요한 아이들을 대면하는 것은 하늘과 땅만큼 동떨어진 일이라는 사실을, 나는 그 아이들의 눈동자를 보고서야 비로소 깨달았다. 나도 세상을 위해 뭔가를 하고 있다고 은근히 뿌듯해했던 게 어찌나 초라하게 느껴지던지. 노동이란 말을 배우기도 전에 생업 전선에 내몰린 아이들. 화폐경제와 교환가치의 개념을 이해하기도 전에 1달러짜리 지폐의 물성에 사로잡힌 아이들. 순결한 욕망만이 이글거리는 공허한 눈은 나의, 세계의 모든 악덕을 고스란히 비추는 무시무시한 거울 같아 마주 보기가 힘겨웠다.

캄보디아의 연간 1인당 국민소득을 발표치 그대로 믿는다면, 2021년 이들이 하루 평균 번 돈은 미화로 4.3달러 남짓이다.[66] 대부분의 관광객들에게 1달러는 아무것도 아니고 아이들도 그걸 알지만, 그래도 그들에게 1달러를 선뜻 쥐여주는 게 간단한 문제가 아닌 이유다. 그래서 이른바 '공정여

---

66 캄보디아 공식 화폐 단위는 리엘이지만, 시엠레아프 같은 관광지에서는 미국달러도 흔히 쓰인다. 특히 관광지 입장료를 미화로 지불하게 되어 있는 경우가 많다.

행' 가이드북이나 기사 따위에서 구걸하는 아이들에게 돈을 주지 말고, 대신 먹을 것이나 학용품 등을 주라고 제안하는 것을 읽었다. 한마디로 순진한 소리였다. 준비해 간 과자나 연필 등을 건넸지만, 기뻐하거나 만족해하는 기색은 조금도 없었다. 아이들은 그것들을 그저 한번 슥 내려다보고는 예의 "원 딸-라으!"를 기계처럼 되풀이했다. 그게 제 일이라는 듯. 내 노동을 모욕하지 말라는 듯. 그다음부터 나는 자꾸 목소리가 기어들어 갔고 걸음을 재촉해 도망치기 바빴다.

그러나 톤레사프 호수의 수상마을에 가서는 도망치는 것조차 못 했다. 배 위에 있었으니까. 톤레사프 호수로 가는 길은 시엠레아프를 잇는 다른 많은 도로처럼 포장공사가 한창이었다. 흙먼지가 시야를 뿌옇게 가리고 눈코입으로 쏟아져 들어오는 한 시간여의 드라이브 끝에 호숫가에 도착했다. 우리나라 단체관광 패키지의 필수 코스이자 시엠레아프에서 제일 가까워, 톤레사프 하면 으레 들르는 총크네아스 수상마을에 가기 위해서였다. 다 쓰러져 가는 판잣집마저 세울 땅이 없는 이들이 우기가 되면 범람을 반복하는 물 위에 집을 짓고 사는 마을이다. 선착장에서 배를 타고 가야 하는데, 혼자였기에 어디 끼어 탈 만한 배가 없나 둘러보았지만 무조건 한 일행당 돈을 지불해야 한다며 30달러를 내란다. 도대체 이 돈이 어디로 가는지 알 수 없었지만 다른 선택의 여지가 있는 것도 아니었다. 말끔한 제복을 차려입은 기름진 관리인에게 찜찜한 기분으로 돈을 내밀었다. 졸지에 작은 배 한 척을 전세 내 개인 기사 겸 가이드까지 동반한 채 거하게 수상마을 유람에 나선 꼴이 됐다. 혼자 낯선 남자와 배에 오르는 게 께름칙했지만, 아직 소년의 태를 벗지 못한 스무 살 가이드 칸은 더없이 상냥한 말벗이 되어 주고 제법 괜찮은 사진사가 되어 주었다. 톤레사프의 짙은 흙탕물을 가르며 선선한 늦은 오후의 바람을 맞으니 기분이 한결 나아지기도 했다. 그것도 잠시뿐이었지만.

마을에 다다르자 세숫대야나 양동이 같은 아슬아슬한 물건을 타고 "원 딸-라으!"를 외치는 아이들과 고개도 제대로 못 가누는 젖먹이를 들어 보이며 애처로운 눈으로 하소연하는 젊은 아기 엄마가 탄 배에 둘러싸였다. 오, 맙소사. 나는 이번에도 똑같은 실수를 반복했다. 돈 대신 라면을 건넨 것이다. 아이들도 아기 엄마도 받아 들기는 받아 들지만 역시나, 고맙다는 말도 기쁜 기색도 전혀 없었다. 이들에게 필요한 건 저녁 한 끼를 해결할 음식이 아니다. 나는 그제야 이 모든 것이 거대한 비즈니스의 일부라는 것을 이해했다. 이름을 붙인다면 '가난 관광'이라 부를 수 있을 것이다. 독점으로 운영되는 선착장, 배를 타면 자연스레 인도하는 기부 물품 가게(라면과 생수 등을 쌓아 놓고 이 물품을 사서 직접 마을의 학교에 가져가도록 유도하고 있다), 악어들을 가둬 놓고 관광객을 끌어들이는 식당, 수상마을의 누추한 풍경을 한층 극적으로 장식하는 양동이 탄 아이들과 아기를 들어 보이는 젊은 엄마. 이들이 가난을 가장하고 있다는 소리가 아니라 자의에 의해서든 타의에 의해서든 적극적으로 전시하고 있다는 인상을 지울 수 없었다. 나를 포함한 관광객들은 톤레사프에 떨어지는 노을뿐 아니라 그 비참함을 보러 기꺼이 지갑을 여는 것이다.

실제로 극소수의 관광객만 알음알음 찾는 프렉톨이라는 조류보호구역에 갈 때 지나쳤던 몇몇 수상마을은 훨씬 평화롭고 깔끔하고 살림이 나아 보였다. 사람들의 얼굴에서도 여유가 묻어났고, 우리 일행을 신기한 듯 쳐다보며 손을 흔들어 주기도 했다. 돈이 가장 많이 몰리는 곳이 가장 가난한 아이러니라니.

그 상냥하고 잘 웃던 칸은 뭍에 닿자마자 갑자기 얼굴을 바꾸어 내 손을 붙잡고 우는소리로 하소연을 시작했다. 집에 자기가 책임져야 할 어린 동생들이 몇이고, 어머니가 편찮으시고, 뱃삯은 회사에서 다 가져가고……. 녹다운 직전에 마지막 KO 펀치를 맞은 기분이었다. 5달러짜리 지폐를 쥐여주고 황급히 선착장을 빠져나와 다시 뚝뚝을 타고 시내로 돌아왔다. 온몸에는 땀과 흙먼지와 자기혐오가 범벅이 돼 들러붙어 있었다.

캄보디아의 저주

숙소에 요청한 공항 픽업에 착오가 생겨서 기사 대신 세련된 SUV를 타고 나를 공항으로 직접 데리러 온 작은 호텔의 젊은 사장 소리아스[67]는 멀리 불빛들이 신기루처럼 일렁이는 시엠레아프 도심을 향해 가며, 10년 전만 해도 이 일대 전부가 밤

67　들린 대로 적은 이름이기 때문에 실제와 다를 수도 있다. 참고로 국립국어원 외래어표기 규정에는 크메르어 표기법이 없다. '시엠레아프' '톤레사프' 등 몇몇은 등재된 표기에 따르고, 나머지는 용례를 참고해 영문 표기를 기준으로 옮겼다. 따라서 현지 발음과는 거리가 있을 수 있음을 밝혀 둔다.

이면 완전히 캄캄했지만 지금은 이렇게 달라졌다고 뿌듯해하는 말투로 이야기했다. 이곳에서 나고 자란 토박이로서 자신도 그 발전에 한몫을 담당하고 있다는 자부심이 묻어나는 목소리였다.

내가 예약한 숙소는 단돈 2만 원 남짓에 조식을 포함해, 24시간 따뜻한 물이 나오는 욕실이 딸리고 에어컨이 있는 깔끔한 더블룸을 얻을 수 있는 곳이었다. 흰 타일이 깔린 바닥은 맨발로 다녀도 될 정도로 깨끗했고(실제로 직원들은 객실 층에서 신발을 벗고 다녔다) 밖에 나갔다 들어오면 언제나 침대와 방 안이 말끔히 정돈되어 있었다. 이곳에서 10박을 했는데, 오가며 본 소리아스는 언제나 호텔 안팎을 정리하고 직원들에게 무언가를 주문하고 누군가와 통화를 주고받느라 분주했다. 내 커다란 카메라를 보고 내가 미술 쪽에 조예가 있을 거라고 생각했는지, 빈 벽에 그림액자를 걸려고 한다면서 액자 틀을 무슨 색으로 하면 좋겠느냐고 상의해 오기도 하고, 숙소에 개선할 점이 없는지 진지하게 물어보기도 했다. 심지어 내가 여행 전에 예약해 둔 다른 숙소로 옮길 때 직원을 시켜 그 숙소 앞까지 뚝뚝으로 데려다주었고, 숙소를 옮긴 뒤에도 내가 마땅한 투어 프로그램을 찾지 못해 포기했던 프렉톨 조류보호구역에 갈 수 있게 가이드 겸 기사와 다른 일행까지 섭외한 뒤 연락을 주었다. 나는 소리아스보다 열심히 일하는 숙소 주인을 본 적이 없다.

소리아스뿐만이 아니다. 새벽부터 깨 부지런히 일하는 사람들, 늘 땀에 젖어 있는 사람들…… 이들이 처한 가난은 이들에게 너무 부당한 것처럼 보였다. 캄보디아인이 천성적으로 '게으르기' 때문에 대대로 가난하게 살아왔다는 분석이야말로 (심지어 캄보디아인들이 스스로 그렇게 자조한다 하더라도) 게으른 것이다. 캄보디아는 근대에서 현대로 이행하는 과정을 겪어 내지 못했다. 그러니 캄보디아가 처한 빈곤의 연유를 추적하자면 적어도 프랑스 식민지 시절로 거슬러 올라가야겠지만, 그보다 직접적으로는 크메르루주 집권기로 되돌아갈 수밖에 없다. 농업을 기반으로 한 공산주의 유토피아를 꿈꾸었던 급진적 혁명조직인 크메르루주는 그들이 상징적으로 내세운 '0년'이란 구호처럼 기존의 모든 사회 시스템을 파괴하고 캄보디아의 시계를 전근대로 되돌려 놓았기 때문이다. 전문가들은 크메르루주가 캄보디아의 물적 토대는 물론 국가 전체의 성격을 완전히 바꿔 놓았으며, 나아가 정신적인 면에서도 사람들이 서로 관계 맺는 방식을 완전히 바꿔 놓았다고 지적한다. "캄보디아는 외상후스트레스장애*PTSD*와 관련 트라우마 질병이 세대를 넘어 이어질 수 있음을 보여 주는 전 세계에서 유일한 나라다." 푸르샷 지방법원의 판사 인 보파는 이를 이렇게 표현했다. "캄보디아 사람들은 생존을 위한 사투에 중독되어 왔습니다."[68]

어떤 미치광이 과학자가 한 나라를 대상으로 이런 실험을 설계했다고 가정해 보자. '만약 한 나라의 지식인층을 전부 죽이면 그 나라는 어떻게 될까?' 그 실험은 1970년대 중후반 캄보디아에서 실제로 벌어졌고, 그 설계자는 과학자가 아니라 교사였다가 총을 든 군인이었다. 폴 포트가 이끈 크메르루주가 1975년 4월 수도 프놈펜을 장악하고 공포정치를 단행한 3년 8개월간, 캄보디아의 교사 80퍼센트와 의사 95퍼센트가 처형당하거나 아사 또는 병사해 사라졌다.[69] 기존의 론 놀 정부에서 일했던, 고등교육을 받은 관료와 다른 전문가도 마찬가지였다(정작 폴 포트 자신을 비롯해 당의 핵심 간부들은 프랑스 유학파로 일부는 박사학위 소지자였다).

68   Joel Brinkley, *Cambodia's Curse: The Modern History of a Troubled Land*, PublicAffairs, 2011, pp.13~14.

69   위의 책, p.x.

폴 포트와 크메르루주는 농민만을 순수한 캄보디아인으로, 혁명을 이룰 기본적 집단으로 여겼다. 빈농 중에서도 가장 가난한 농민이 전체 캄보디아인의 본보기가 됐다.[70] 이에 따라 당시 250만 명에 달했던 프놈펜 인구를 포함해 전국의 도시민들은 직업이나 계층에 상관없이 살던 곳에서 쫓겨나 전부 지방의 집단농장으로 재배치되어 사상교육을 받고 할당된 생산량을 채우기 위해 논밭에서 혹독하게 일해야 했다. 살아남은 의사, 교사, 법률가, 기술자, 항공기 조종사, 공장 노동자 들까지 모두 집단농장의 일꾼이 됐다. 기존의 지식은 쓸모없는 것을 넘어 부르주아적인 것, 따라서 말살해야 할 것 취급을 받았다. 현대화된 농기계는 물론이거니와 낫과 곡괭이 같은 재래식 농기구마저 턱없이 부족했다. 자동차의 철은 녹여 쟁기날을 만들고 엔진은 양수기용으로 개조하고 바퀴는 우마차에 달았다.[71] 한 번도 농사일을 해 본 적이 없는 도시민들은 가혹한 노동과 부실한 영양 공급, 열악한 위생 환경 등으로 날로 쇠약해져 갔다.

70 필립 쇼트, 《폴 포트 평전》, 이혜선 옮김, 실천문학사, 2008, 515쪽.
71 위의 책, 663쪽.

사유재산은 엄격하게 금지됐다. 검은 상하의 한 벌, '크라마'라 불리는 붉은색과 흰색 체크무늬 스카프 하나, 자동차 폐타이어로 만든 샌들이 허용된 전부였다. 나아가 크메르루주는 앞선 어떤 공산국가에서도 시도하지 못했던 일을 밀어붙였다. 화폐를 전면 폐지한 것이다. 모든 식량과 생필품은 배급제로만 (터무니없이 부족하게) 지급됐고 물물교환조차 당의 허가 아래서만 제한적으로 허용됐다. '킬링필드'라는 강렬한 이미지 때문에 크메르루주 시기의 사망자들이 모두 처형당했으리라 짐작하기 쉽지만, 사실 상당수가 굶어 죽거나 쇠약해진 몸에 병을 얻고도 치료를 받지 못해 죽었다. 일하지 못하는 아이와 노인, 병자와 장애인 등 사회의 약자들부터 죽어 갔다. 그 수는 추정치에 따라 다르지만 최대 100만 명에 이르렀다.

크메르루주가 내세운 '완전한 평등'은 전체 인민의 경제적 수준을 끌어올리는 상향 평등이 아니라 인구의 하위 10퍼센트 수준으로 끌어내리는 하향 평등이었다. 자동차와 열차와 공장은 멈추었다. 전기는 끊겼다. 캄보디아는 말 그대로 중세나 다름없는 암흑 속에 빠졌다. 1979년 1월 크메르루주가 패퇴한 뒤에는 '산업'이랄 게 남아 있지 않았다. 그 뒤로 이어진 20여 년간의 불안정한 과도정부 체제와 훈 센 총리가 20년 넘게 장기 집권 중인 사실상의 1당 독재 체제에서 전 세계로부터 원조가 쏟아져 들어왔다. 줄곧 가장 큰 원조국가였던 중국이 빠진 OECD 국가의 순수 공적개발원조[72] 규모만 해도 1979~2017년 150억 달러에 달한다. 더욱이 캄보디아를 성장 가능성이 높은 새로운 시장으로 보고 산업적으로 접근하는 나라들이 늘면서 그 규모는 최근 몇 년 사이 가파르게 늘어나고 있다. 세계은행 자료에 따르면 크메르루주 정권의 붕괴 이후 원조가 급증했던 시기인 1980년 2억 6867만 달러였던 공적개발원조 규모는 2020년 13억 7000만 달러로 뛰었다.[73] 같은 해 캄보디아 전체 국가예산인 82억 달러의 약 6분의 1에 해당하는 금액이다. 유엔은 평화체제 정착을 목적으로 1992~1993년 18개월 동안 캄보디아의 총선 준비 과정에 역사상 유례가 없는 규모인 30억 달러를 쏟아부었다. 그러나 그 결과는 우리가 익히 알고 있는 바와 같다. 역설적으로 이 엄청난 액수의 해외 원조는 부패한

---

72   ODA*Official Development Assistance*. OECD 회원국이 개발도상국에 제공한 무상 증여를 포함한 자금 지원, 기술 지원 등의 총액.

73   세계은행 데이터 참조.

73.

정권 관료들의 배를 불리고 그들의 집권 기반을 더욱 탄탄하게 다지는 결과를 낳았다.

물론 수치를 보면 캄보디아는 분명 극적으로 발전하고 있다. 유엔의 빈곤 종식 프로젝트인 지속가능개발목표*SDGs*에 참여한 캄보디아는 2004년 53.2퍼센트에 달했던 빈곤율을 불과 5년 만인 2009년에 23.9퍼센트까지 절반 이하로 낮추는 데 성공했다. 그리고 다시 5년 만인 2014년에는 13.5퍼센트까지 낮추었다. 그러나 실상은 이러한 수치와 거리가 멀다. 유엔개발계획*UNDP*과 옥스퍼드 대학 빈곤·인간개발계획*OPHI*이 공동 개발한 세계 다차원적 빈곤지수[74]에 따르면, 캄보디아가 조사에 응한 마지막 해인 2014~2015년 캄보디아 인구의 33퍼센트가 여전히 심각한 다차원적 빈곤계층 또는 질병,

---

74 현대의 빈곤 양상은 점점 복잡해지고 있다. 다차원적 빈곤지수*MPI*는 단순히 가계수입만으로 헤아리기 힘든 실질적 빈곤을 파악하기 위해 개발된 방법으로 건강, 교육, 생활수준, 세 분야에 걸쳐 열 가지 항목을 종합적으로 평가해 점수를 매긴다. '건강'에는 영양 섭취와 아동사망률, '교육'에는 학교 재학기간과 출석률, '생활수준'에는 조리용 연료 공급, 위생, 식수 공급, 전기 공급, 주거, 자산 규모가 포함된다. 더 자세한 내용은 OPHI 세계 다차원적 빈곤지수 2018년 보고서를 참고하라. 특히 캄보디아의 아동빈곤에 관해서는 유니세프 보고서를 참고하라.

74-1.

74-2.

자연재해, 실업 등으로 언제든 심각한 빈곤계층으로 떨어질 수 있는 빈곤취약계층이다. 도농 격차는 극심한 수준으로 프놈펜의 빈곤계층이 7퍼센트인 반면, 대표적 농촌 지역인 프레아비헤아르는 64퍼센트에 이른다.

특히 미래의 전망마저 어둡게 하는 것은 빈곤계층의 45퍼센트가 19세 이하의 청소년과 어린이라는 사실이다. 유네스코 통계국*UIS* 홈페이지에 공개된 가장 최근 자료인 2014년 통계에 따르면 캄보디아 내 초등학교 진학률은 94.7퍼센트로 얼핏 양호해 보인다.[75] 그러나 중퇴율이 53퍼센트에 달해 입학생 중 절반은 졸업을 하지 못하고 있는 실정이다.[76] 중학교 진학률은 가장 최근 데이터인 2008년 기준 38퍼센트, 고등학교 이상 고등교육기관 진학률은 2017년 기준 13퍼센트에 불과하다. 아동노동이 공공연한 캄보디아에서 어린이들은 일찌감치 집안의 생계라는 짐을 나눠 져야 하는 노동자원으로 내몰리고 있다.

현재의 모든 곤궁을 편리하게 크메르루주에 뒤집어씌운 채 부정 축재를 일삼아 온 훈 센을 위시한 부패한 관료들이

75   유엔 데이터 참조.

76   유엔 데이터 참조.

지금의 캄보디아를 만들었다. 그러나 훈 센 또한 한때 크메르루주의 일원이었으며, 그가 펼치고 있는 철권통치 역시 그가 배반했던 폴 포트의 것과 근본적으로 다를 바가 없다. 심지어 내전에서 살아남은 크메르루주 지도부의 상당수가 현 정권에서도 한자리씩 차지해 잘살고 있다.

제노사이드의 피해자는 죽은 사람들만이 아니다. 제노사이드는 살아남은 사람들을 영원히 트라우마에 시달리게 하며 후대에까지 영향을 미치는 악랄한 범죄다. 자신도 모르는 새에 당 간부의 심기를 거스르는 아주 작은 일조차 곧 죽음으로 이어졌던 공포의 시간을 살아온 사람들이 국가 최고위 권력층에 반기를 들기란 어려운 일이다. 크메르루주의 망령은 아직도 캄보디아 전체에 짙은 그늘을 드리우고 있고, 그 시대는 여전히 끝나지 않았다고 할 수 있다. 내가 앙코르와트 일주일권 입장료로 낸 60달러와 톤레사프 호수에서 뱃삯으로 낸 30달러가 어디로 흘러들어 가는지는 크메르의 신만이 아실 일이다.

킬링필드에서

시엠레아프에서 와이파이가 제공되고 에어컨 바람이 세차게 쏟아져 나오는 쾌적한 대형버스를 타고 수도 프놈펜으로 향했다. 대형버스와 마주 오는 다른 차가 동시에 지나가기엔 비좁아 보이는 1.5차선 같은 도로에서 확장 공사가 수시로 진행 중이었고 버스는 가다 서다를 반복했다. 다섯 시간이었던 예상 여정은 여섯 시간 반으로 늘어났다. 밖으로는 몇 시간 동안 거의 똑같은 풍경, 바다 같은 논과 드문드문한 물소와 프루낫이라 불리는 사탕야자가 전신주처럼 박힌 풍경이 끝없이 펼쳐졌다. 그 대비는 어색한 시차를 불러일으켰다. 스마트폰으로 트위터 타임라인을 훑으며 타임머신을 타고 과거로 거슬러 올라가는 기분이랄까.

다락방을 닮은 아담한 호텔 꼭대기 방에 짐을 부리고 걸어서 프놈펜 왕궁 앞 광장으로 향했다. 드넓은 잔디 광장은 지난 10월 15일 서거한 노로돔 시아누크 전 국왕을 추모하는 인파로 어수선했다. 철모르는 아이들은 어른들이 그러거나 말거나 이리저리 뛰어다니기 바빴다. 왕궁 전면에는 시아누크 전 국왕의 거대한 영정 사진이 걸려 있었다. 왕의 죽음을 애도하는 이토록 많은 사람들이라니, 내가 과연 과거로 오긴 온 모양이었다. 1953년 프랑스로부터 캄보디아의 독립을 이끌어 내 '독립의 아버지'로 추앙받았지만, 카멜레온을 방불케 하는 현란한 처세술과 사치를 즐기는 화려한 사생활로 평생 일신의 안위에 골몰했고 크메르루주의 대학살 앞에 무력했을 뿐 아니라 사실상 그들에게 처음으로 권력을 쥐여준 인물. 그나마 덜 더운 계절의 해 질 무렵인데도 여전히 후덥지근한데 이 사람들은 무엇을 위해, 어떤 마음으로 이곳에 나와 앉아 있는 걸까? 나로서는 짐작조차 할 수 없었다.

이틀 뒤 프놈펜에서 뚝뚝을 잡아타고 흙먼지가 풀풀 날리는 비포장도로를 50분가량 달려 도착한 청아익, 속칭 킬링필드는 주변으로 논밭이 펼쳐진 한적한 전원 지역에 자리하고 있었다. 그 자체가 원래 과수원이었던 곳이다. 철조망 바로 너머에 위치한 민가에서 아이들이 풀어 기르는 닭을 쫓으며 뛰어놀고 있었다. 아우슈비츠와 마찬가지로, 15,000명이 넘는 사람들이 살해되고 묻힌 장소라고는 상상하기 어려운 평화로운 풍경이었다. 1975년 4월~1979년 1월 크메르루주가 집권한 3년 8개월간, 캄보디아 전역에서 당시 인구의 3분의 1에 해당하는 300만 명이 학살당했다.[77] 크메르루주는 모두가 평등한 사회, 인민을 위한 새로운 세상을 건설하겠다는 기만적인 이상 아래, '진정한 캄보디아 인민'의 기준에 벗어난다는 이유로 교사, 의사, 변호사 등의 지식인과 전문가, 도시민, 전 정부 관료, 외국인, 승려와 수녀 등의 종교인, 고등교육을 받고 노동하지 않는 유산계급이라 추측되는, 손이 부드러운 사람과 안경 쓴 사람까지 닥치는 대로 잡아들이고 갖은 죄목을 붙여 거짓 자백을 받아 낸 뒤 처형했다. 당시 캄보디아 전역에 집단 처형·매장지인 킬링필드가 있었다. 그중에서도 가장 널리 알려진 청아익은 그 학살의 상징 같은 곳이다.

경내에 들어서면 가장 먼저 눈에 들어오는 것이 거대한 탑이다. 크메르 전통 양식의 지붕을 인 17층 규모의 위령탑에는 현재까지 발굴된 9,000여 구의 유골이 10층까지 안치되어 있는데, 해골들은 투명한 유리 너머로 방문객들이 볼 수 있도록 바깥을 향해 있다. 유골 발굴 작업이 마무리되고 이 학살에 관여한 모든 사람이 마땅한 처벌을 받는 미래의 어느 날, 이 유골들 또한 크메르 예법에 따라 화장되어 안식을 취할 수 있을지 모른다. 그러나 아직은 산 자들을 향해 말

---

77 킬링필드 오디오 가이드 기준이며, 이는 유니세프 추정치다. 자료에 따라 차이가 크나 대개 150만~300만 명으로 보고 있다.

보다 강력한 무언의 메시지를 전달하고 있었다. 우리의 죽음을 기억하라.

이곳은 아우슈비츠와 달리 프놈펜에 위치한 S-21 교도소에서 실어 온 수감자들을 처형만 하는 장소였기 때문에, 몇 안 됐을 건물이나 시설 등은 현재 남아 있지 않다. 수감자들은 대부분 한밤중에 트럭에 실려 이곳에 도착하자마자 바로 살해당했다. 그 수가 하루 300명까지 늘어나자 크메르루주는 판자에 양철 지붕을 얹은 간이 오두막을 만들어 하루 이틀 수감자들을 가둬 두기도 했다. 지금은 그 자리에 안내판만 남아 있다. 방문로를 따라가며 볼 수 있는 건 사연을 모르는 이들에게는 그저 평범해 보일 움푹 패거나 봉긋 솟아오른 집단 매장지, 이미 유골을 발굴한 곳에 쳐 놓은 울타리와 차양, 특정한 용도로 사용한 나무, 시체들을 수장했을 것으로 추정하는 저수지 등뿐이다. 그래서 이곳에 오는 이들은 대부분 오디오 가이드를 대여해(한국어도 있다) 설명을 듣는다.

침묵 속에서 헤드폰을 낀 채 눈부신 태양 아래 녹음이 짙게 우거진 땅을 산책하듯 천천히 거니는 방문객들의 평화로운 모습과 헤드폰 속 담담한 목소리가 전하는 당시의 참상이 서로 충돌하며 아찔한 현기증을 일으켰다. 귓속에서 울리는 목소리는 아까 본 해골의 이미지보다 섬뜩한 공감각을 불러일으켰다. 나는 어떤 지점에 이르러 심장이 너무 빨리 뛰고 구역질이 나 걸음을 멈추고 한참 숨을 골라야 했다. 말이 주먹이 되어 내 명치에 정통으로 꽂힌 듯했다. 인간이 다른 인간을 잔혹하게 죽이는 방법으로 상상할 수 있는, 혹은 상상할 수 없는 모든 방법이라 할 만한 그 세부들을 일일이 늘어놓음으로써 글로 스너프필름을 찍고 싶은 생각은 없다. 다만 아우슈비츠의 가공할 공장제 학살과 대척점에 놓여 있는 무질서와 광기가 만연했다는 점은 적시해 두어야겠다. S-21 교도소와 킬링필드의 말단 학살자들은 대부분 아우슈비츠에서처럼 고도로 훈련된 군인이 아니었다. 주로 현대적 문명과 동떨어진 고립된 농촌이나 산악 지역 출신으로 설익은 사고에 사상교육을 주입받은 열다섯에서 스물한 살 사이의 청소년과 청년이었다.

당시 수많은 사람의 생사가 그들이 배치된 마을의 당 간부가 누구냐에 따라 갈렸다. 정규교육은 고사하고 글도 깨치지 못한 하급 간부와 말단 군사들은 상부의 지침을 구두로 전달받고 부족한 부분은 제멋대로 해석해 집행했다. 어떤 마을에선 죄가 되어 처형당하는 일이 어떤 마을에선 가벼운 경고로 그쳤다. 크메르루주군이 프놈펜 시내를 장악했을 때 건물들을 닥치는 대로 파괴하고 약탈하는 군사들을 본 한 상급 간부가 했다는 말은 이 상황을 잘 요약한다. "그저 어른 없는 빈집에 사나흘 동안 10대 아이들만 남겨 둔 격이지요."[78] 물론 이러한 청년들의 객기와 무지를 전략적으로 이용한 것은 폴 포트를 비롯한 당 지도부였다. 그들은 '순수한' 공산주의 사회 건설을 위해 그에 걸맞은 '때 묻지 않은' 젊은이들을 선호했다.

크메르루주에게 인민은 자신들의 이상을 실현하기 위한 도구일 뿐이었다. 이상 사회를 건설하는 데 방해가 되는 '적'은 죽어 마땅했다. 아우슈비츠에서와 마찬가지로, 처형된 사람들은 죽어서도 도구로 이용당했다. 옷은 벗겨져 다른 사람에게 주어졌고, 시체는 토양을 기름지게 한다며 논가에 묻혔다. 시신을 화장하고 남은 유골은 비료로 쓰였다. 크메르루주가 통제한 것은 인간의 죽음만이 아니었다. 그들이 꿈꾸는 강대국에는 더 많은 인구, 곧 더 많은 노동력이 필요

---

78   필립 쇼트, 앞의 책, 540쪽.

했다. 당 간부들은 마을 여성들의 월경 주기를 파악해 배란기에 남편을 보내 동침하게 했다.[79] 그들은 종종 인민을 '황소'에 비유했다. 국외로 피신했다가 돌아온 시아누크 전 국왕은 완전히 달라진 국민들의 모습을 보고 이렇게 한탄했다고 한다. "나의 백성들이 (……) 소로 변해 있었다."[80]

투올슬렝 제노사이드 박물관에서

마지막으로 위령탑으로 되돌아와 헌화한 뒤 묵념을 드렸다. 이곳에 도착했을 때보다 훨씬 더 간절해진 마음으로 죽은 이들의 평안을 빌었다. 다시 뚝뚝을 타고 프놈펜 남부의 투올슬렝 제노사이드 박물관(전 S-21 교도소)으로 향했다. 크메르루주는 내외부의 적으로 간주한 사람들을 납치 또는 불법체포해 S-21 교도소에서 감금, 고문, 자백의 과정을 거쳐 청아익으로 보냈다. 1975년 말 문을 연 이곳의 수감자 수는 1976년 상반기에 400명, 하반기에는 1,000명으로 늘어났으

---

79   위의 책, 612쪽.

80   위의 책, 634쪽.

며, 1977년 봄에는 한 달에 1,000명씩 이곳을 거쳐 갔다.[81] S-21에서 'S'는 크메르루주의 안보부에 속하는 비밀경찰인 산테발*Santebal*을 의미했다. 크메르식 불교용어로 산테발은 '평화를 지키는 사람들'을 뜻한다. '21'은 첫 교도소장이었던 낫의 무전 코드에서 나왔다고 한다.[82]

교도소로 쓰이기 직전까지 이곳은 고등학교였다. 당시와 마찬가지로 주택가 한가운데에 자리한 박물관의 3층에 올라가자, 담벼락 하나를 사이에 두고 이웃한 살림집들이 내려다보이고 사람들의 활기찬 목소리가 들려왔다. 키 큰 야자수와 탐스러운 하얀색 꽃을 가득 피운 플루메리아 나무가 서 있는 중정은 평화로운 여느 학교 교정처럼 보였다. 재앙과 죽음은 우리의 일상과 얼마나 가까이 있는지.

다섯 동의 건물은 E자 형태로 배열되어 있다. 크메르루주군은 E의 가장자리를 이루는 3층짜리 A~D동을 감옥으로 사용했다. 3층에는 수감자들이 뛰어내려 자살하지 못하도록 가시철조망을 대 놓았다.

---

81 위의 책, 692쪽.
82 티에리 크루벨리에, 《자백의 대가》, 전혜영 옮김, 글항아리, 2012, 95쪽 참조.

'박물관'이라고 이름을 붙이긴 했지만, 여전히 버려진 옛 교도소 그대로나 마찬가지였다. 30년이 넘는 세월이 흘렀지만, 마치 크메르루주 잔당들이 한 달 전에 퇴각하기라도 한 것처럼 내부는 혼란스러운 모습이다. 수감자를 고문하기 위해 묶어 두었던 침대의 뼈대며 쇠사슬 고리, 벽에 새겨진 점호 번호며, 심지어 바닥 곳곳에 거무스름한 핏자국 같은 것까지 고스란히 남아 있었다. 간수들이 드나들기 쉽도록 벽을 뚫어 연결한 옛 교실들 중 일부에는 벽돌이나 나무로 칸막이를 해 놓은 독방들이 들어차 있었다. 한 사람이 겨우 누울 만한 비좁고 어두운 공간에 들어서자 숨이 턱 막혔다. 그런 날것의 모습에, 새로운 방에 들어설 때마다 가슴이 철렁 내려앉고 온몸의 신경이 곤두서는 듯했다. 한때 아이들이 공을 차며 뛰어놀았을 운동장에는 간수들이 사용했던 고문 도구들이 섬뜩하게 놓여 있었다. 그것만으로는 충분하지 않다고 생각했는지, 지나친 친절함을 발휘해 고문 장면을 교과서 삽화 같은 그림체로 묘사하고 설명을 덧붙인 표지판까지 함께였다. 곳곳에 걸린, 웃는 남자 그림 위에 빨간 X표를 한 '웃음 금지' 표지판도 기괴한 인상을 풍겼다. 이곳이 이렇게 윤리적 재현보다 말초적 공포를 자극하는 방식으로 조성

된 것은 애초에 프놈펜을 해방한 베트남군이 자신들의 캄보디아 침공을 정당화하려 크메르루주의 악행을 널리 선전하는 용도로 만들었기 때문이다.

비교적 정돈된 몇몇 방에는 아마도 청아익 위령탑에 안치된 해골들의 살아생전 얼굴일 2,000여 장의 사진이 패널들에 빼곡하게 전시되어 있었다. 나는 멍청하게도 그 사진들을 보고 충격을 받았다. 남자들과 여자들, 노인들과 아이들, 곧 내가 저 바깥에서 마주쳤던 보통 사람들과 하나도 다를 바 없는 모습이었기 때문이다. 아우슈비츠에서 줄무늬 옷을 입은, 거의 모두 백인인 수용자들 사진을 볼 때와는 차원이 다른 감정이었다. 심지어 얼핏 나와 닮은 사람도 있었다. 대부분 긴장하거나 겁먹은 표정이었지만, 사태를 잘 몰랐을 아이들 중에는 희미하게 미소 짓는 이마저 있었다. 나는 무엇을 상상했던 걸까? 관상에 불운을 타고난 별세계 인종? 나는 그제야 '희생자들'이라는 이름으로 뭉뚱그려진 사람들을 나와 똑같은 한 인간으로, 각자의 우주를 품은 한 개인으로 바라볼 수 있었다. 말 그대로 내 사진이 그 자리에 있었대도, 내가 그들 중 한 명이었대도 전혀 이상하지 않았던 것이다.

수전 손택은 《타인의 고통》에서 투올슬렝의 이 사진들을 가리켜 "영원히 죽음을 응시하고 있으며, 영원히 살해당하기 일보 직전에 처해 있고, 영원히 학대를 받고 있다"면서, "이 사진을 보는 사람은 카메라 뒤에 서 있던 시종들과 똑같은 위치에 놓여 있는 셈"이라고 했다.[83] 그러나 손택이 예로 든 것은 책에 인쇄된 사진들이었으니, 이는 반쯤만 옳은 지적이다. 투올슬렝을 찾은 다크투어리스트들은 책을 넘기다 우연히 이 사진들을 보게 된 것이 아니다. 우리는 시간과 발품과 돈을 들여 기꺼이 그 사진을 보겠다고 이곳에 찾아온 사람들이다. 손택은 인쇄된 사진 이미지들 때문에 그들이 이름도 없이 익명의 희생자로만 존재하게 된다고 했지만, 원래 그들이 우리에게는 존재하지 않았던 것이나 마찬가지였다는 점을 감안할 필요가 있다. 그들의 사진을 가능한 오래 응시함으로써, 적어도 추상적인 '숫자'로만 알던 존재들이 한때 각기 다른 얼굴을 가진 '사람'이었다는 사실을 즉물적으로 깨닫는 것만으로도 일말의 가치가 있다. 숫자의 고통보다는 사람의 고통을 가깝게 느끼기가 더 수월한 법이다.

---

83   수전 손택, 《타인의 고통》, 96쪽.

부 멩과 두크

무거운 걸음으로 박물관을 나서다가 뜻밖의 인물을 보았다. 마당 한편에 책이 쌓인 테이블이 놓여 있고, 그 너머에 웬 할아버지 한 분이 앉아 있었다. 이곳에 오기 전에 《자백의 대가》라는 책을 읽지 않았다면 그냥 지나쳤을지도 모를 그 할아버지는 S-21 교도소에 수감됐던 15,000명 이상 가운데 살아남은 것으로 알려진 단 7인 중 한 사람, 그리고 악명 높은 교도소장 두크가 마침내 2009년부터 국제전범재판을 받을 당시 증인으로 출석했던 최후의 3인 중 한 사람, 부 멩이었다.

S-21 교도소에서 혹독한 고문을 당했던 부 멩은 한때 사망한 것으로 알려졌으나 대중에 다시 모습을 드러낸 2002년 이후 지금까지 이곳의 잔악한 실상을 세상에 알리는 일에 매진해 왔다. 고문 후유증과 노령으로 거동이 자유롭지 않은 그는 이곳에 가끔 와서 자신의 이야기가 담긴 소책자를 판매하는 한편 사람들을 만나고 있었다. 정수리 아래까지 벗어진 새하얀 머리를 말끔히 빗어 넘기고 잘 다린 하늘색 셔츠를 정갈히 차려입어 언뜻 보면 여느 노신사 같

앉으나, 자세히 보면 굽은 어깨와 움츠러든 등에서, 움푹 꺼진 입과 약간 일그러진 듯한 얼굴에서 모진 고문의 흔적이 묻어났다. 그러나 맑고 깊은 옅은 갈색 눈동자만큼은 고문도 어쩌지 못한 것처럼 보였다. 그 눈을 마주 볼 때 눈물이 흐를 뻔했지만, 그런 무례를 저지를 수는 없었기에 꾹 참았다. 그때 내가 메고 있던 배낭 안에는 그를 고문하라고 지시했던 두크의 얼굴이 표지에 박힌 《자백의 대가》가 있었다. 내가 소책자를 한 권 사고 사인을 요청하자, 멩 할아버지는 인자하게 미소 지으며 사인을 해 준 뒤 익숙한 일인 듯 기꺼이 사진 촬영에도 응해 주었다. 사인 위에는 날짜를 적었는데 '12. 12. 12.'라고 되어 있었다. 그 날짜가 새삼스럽게 다가왔다. 크메르루주 정권이 실각한 해인 1979년 12월 12일 한국에서는 전두환, 노태우를 필두로 예비 쿠데타 성격의 군사반란이 일어났다.

집에 돌아와서 몇 달이 지난 뒤에야 그때 찍은 사진들을 다시 꺼내 볼 용기를 냈다. 미소라고만 생각했던 그 표정은 들여다보면 볼수록 울고 있는 것처럼 보였다. 그것은 얼굴에 새겨진 고문의 흔적 때문일 수도 있고, 실제로 그의 웃음에 슬픔이 어려 있기 때문일 수도 있다. 내가 그의 증언록을

펼쳐 볼 용기를 낸 것은 그보다 훨씬 더 나중의 일이다.[84]

부 멩이 크메르루주 혁명에 참여하게 된 것도, S-21에 끌려가게 된 것도, 갖은 고초를 겪었으나 결국 살아남을 수 있었던 것도 그가 뛰어난 화가였기 때문이다. 그림은 그에게 삶을 주고, 그를 죽음으로 이끌었다가, 마지막 순간에 다시 삶으로 건져 올렸다. 가난한 농촌에서 태어나 정규 미술 교육을 받은 적은 없지만 타고난 재능과 알음알음 익힌 기술로 그는 1960년대에 극장 간판 화가로 꽤 잘나갔고, 거기서 번 돈으로 자기 그림을 파는 가게를 차렸다. 1970년 어느 날, 촌이라는 남자가 찾아와 레닌과 엥겔스의 사진을 내밀며 초상화를 그려 달라고 했다. 부 멩은 사진 속 서양 사람들이 누군지도 모르는 채 의뢰를 받아들였다. 그 뒤로 그 남자는 걸핏하면 찾아와 혁명에 동참하자고 부 멩을 설득했다. 쿠데타로 정권을 잡은 론 놀을 몰아내고 위기에 빠진 시아

---

84 부 멩에 관한 이어지는 내용은 현장에서 구입한 증언록을 참조했다. Huy Vannak, *Bou Meng: A Survivor from Khmer Rouge Prison S-21*, Documentation Center of Cambodia, 2010. 《자백의 대가》 18장 〈예술가들, 목숨을 건지다〉에도 관련 내용이 일부 소개되어 있다.

누크 국왕과 캄보디아를 구하자는 끈질긴 설득이 아직 혈기 넘치는 젊은이였던 부 멩의 마음을 결국 움직였다. 1971년 6월 캄푸치아민족통일전선(시아누크 국왕과 크메르루주의 연합정부)에 참여하기 위해 모든 것을 포기하고 아내와 정글로 들어간 부 멩은 그곳에서 공산주의 선전용 그림들을 그렸다.

1977년 8월 16일 부 멩은 아내 마 여운과 함께 영문도 모른 채 S-21로 끌려왔다. 그는 자신이 무엇을 잘못했는지 전혀 알 수 없었다. 첫날 아내와 헤어진 뒤 두 달 동안 쇠사슬에 묶여 하루 두 끼를 멀건 죽 한 사발로 버텼다. 그는 날로 쇠약해졌고 일어설 기력조차 남아 있지 않았다. 그런 뒤에야 심문이 시작됐다. 심문관이 말했다. "앙카르(조직)는 절대 사람을 잘못 체포하지 않아. 너는 화가잖아. 그러니 틀림없이 CIA와 관계가 있을 거야. 당장 불지 못해!" 부 멩은 CIA가 무엇을 의미하는지도 몰랐다. 죽창, 채찍, 전기 철사 등이 고문에 동원됐고, 무차별적으로 주먹질과 발길질이 가해졌다. 그렇게 일주일을 밤낮없이 맞다가, 죄를 부인하면 죽음뿐이지만 인정하면 살 수도 있다는 꾐에 실낱같은 마지막 희망을 걸고 거짓으로 자백을 했다. 죄를 자백한 부 멩을 기다리고 있던 건 킬링필드였다.

그런데 그로부터 일주일 뒤 한 간수가 감방에 들어와 그림을 그릴 줄 아는 사람이 있느냐고 물었다. 부 멩이 손을 들었다. 간수는 부 멩을 1층의 한 방으로 끌고 가 사진 한 장을 주고는 그대로 그리라고 명령했다. 사진 속 남자가 누구인지는 알 수 없었지만 부 멩은 최선을 다해 초상화를 그렸다. 두크는 부 멩의 그림이 형편없을 경우, 그를 비료로 써 버리겠다고 협박했다. 그러나 부 멩은 비료가 되지 않았다. 그는 살아남아 같은 남자의 대형 초상화를 또 그렸다. 부 멩이 그린 남자는 크메르루주의 '맏형' 폴 포트였다. 보안상의 이유로 최측근들 외에는 자신의 정체를 숨겨 왔던 폴 포트가 뒤늦게 크메르루주 최고 지도자로서 전면에 나서려고 했던 시기와 부 멩의 감금 기간이 겹치며 찾아온 천운이었다. 그러나 부 멩은 아내의 죽음을 막지는 못했다. 그의 아내는 고문을 당한 뒤 S-21 또는 청아익에서 사망했고, 두 아이 역시 크메르루주의 아동수용소에서 사망했다. 부 멩은 평생 그 죄책감에 시달리며 살았다.

한편 S-21의 두 번째이자 마지막 소장이었던 두크는 예외적으로 꼼꼼하고 성실한 인물이었으며, 완벽한 일처리로

당에서 신망이 두터웠다. 그의 교도소는 전국에서 가장 '뛰어난 실적'을 올리는 곳이었다. 두크는 심지어 자신의 스승을 고문해서 죽게 했고, 두 매부까지 킬링필드로 보냈다. 모든 사유재산의 폐지를 주요 과제로 설정했던 크메르루주는 전통적인 의미의 가족 또한 정신적 사유재산으로 간주해 쓸어 내야 할 적폐라고 보았다. 두크는 그 점에서도 당의 지침을 충실히 따랐던 것이다. 그는 직접 빨간색 펜을 들고 성품만큼 가지런한 글씨체로 고문을 담당하는 간수들에게 다음과 같은 코멘트를 적어 보냈다. "자백을 하지 않으면 고문하라!" "얼굴을 때려라!" "반드시 죄수에게 압박감을 느끼게 해야 한다." "죽을 지경까지 심하게 때려라." "죄수의 몸이 으스러지도록 구타하라."[85]

"똑똑하고 교양 있고 주어진 일을 성실하게 하는 사람, 일에 대한 열정이 넘치고 열심히 노력하며 사소한 것까지 꼼꼼하게 신경 쓰는 사람, 일을 체계적으로 수행하는 사람, 모든 방면에 프로 정신을 보이며 상부를 만족시키는 성과를 보여 주고자 애쓰는 사람, 자신이 하는 일에 대체로 자부심

---

85 티에리 크루벨리에, 앞의 책, 109쪽.

을 느끼는 사람."[86] 이는 두크의 재판에 증거 자료로 제출된 그에 관한 기술 중 일부다. 12,000명을 킬링필드로 보낸 학살자가 아니라 평범한 행정공무원에 대한 인사평가 자료 같다. 두크는 "전 공산당의 절대적인 독재 정권에 속한 부속품에 불과했어요"라고 법정에서 증언했다.[87]

그러나 한편으로는 그 철두철미한 완벽주의 때문에 훗날 청아익과 S-21 교도소의 실상이 낱낱이 밝혀지고, 그래서 두크 자신이 크메르루주 전범들 중 제일 먼저 국제전범재판에 서게 됐으니, 기막힌 아이러니다. 베트남군이 프놈펜으로 진격해 오자 두크가 서둘러 도망치면서 미처 처리하지 못한 자료들은 사진 6,147장(그중 5,382장이 수감자를 찍은 사진), 심문관들이 기록한 요약 보고서 4,186부, 수감자들의 신상명세를 기록한 장부 6,226부였다. 문서는 총 20만 페이지에 달했다.

C동 3층 전시실에 그중 일부 문서가 전시되어 있는데, '자백 받아 내기의 대가'였던 두크가 수감자들에게 고문을 통

---

86 위의 책, 27쪽.

87 위의 책, 94쪽.

해 거짓으로 작성하게 한 장문의 자술서들도 있었다. 또 얼굴 사진과 열두 가지 기본 인적사항에 별도로 4페이지에 달하는 자세한 활동내역을 첨부한 수감자 명부도 있었다. 옆쪽에 영어로 번역을 해 놓아 내용을 살펴볼 수 있다. 예컨대 크메르루주가 프놈펜을 장악하기 전에(그들은 '해방'이라고 표현했다) 유니세프 직원으로 근무했던 쳄 싱가트라는 여성의 '활동내역'에는 그가 "1960년 미국 대사관을 통해 CIA 요원으로 활동했다"고 적혀 있었다. 그러고는 (폴 포트의 강제 농촌 이주정책으로) 시골로 가게 되면서 연락망이 끊기자 새로운 CIA 요원을 직접 모집했다는 것이다. 세 명의 이름이 그 아래에 적혀 있었다. 이들이 벌였다는 공작 내용은 다음과 같았다.

　　—마을의 공동 통조림 공장을 불태웠다.
　　—혁명의 진행을 방해하기 위해 댐과 논둑을 파괴했다.
　　—당 간부와 군인을 암살하고 무기를 숨겼다.
　　—전前 군 병사와 장교를 모아 혁명을 공격했다.

　자술서들은 한 번에 쓰이지 않았다. 수감자들은 S-21에 처음 끌려왔을 때 태어나서 지금까지 자신의 인생을 수십 장에 걸쳐 낱낱이 적은 뒤, 그 사이사이에 첩보활동 기록을 끼워 넣어 두크가 흡족해할 때까지 수십, 수백 번을 고쳐 써야 했다. S-21에 보내졌다는 것은 이미 그 자체로 그들이 당의 반역자며 유죄임을 입증하는 것이었고, 고문을 통해 받아 낸 거짓 자술서가 사후에 그 증거가 됐다. 끝내 자술서를 쓰지 않고 고문당하다 죽거나, 자술서를 쓰고 킬링필드로 보내져 처형당하거나. 선택지는 둘뿐이었다. S-21에 수감됐던 서양인 열두 명 중 하나였던, 크메르루주 연안경비대에 체포된 영국인 요트 조종사 존 듀허스트는 결국 이렇게 자백할 수밖에 없었다.

나는 1972년 9월부터 1976년 6월까지 (……) 사범대학에 다니면서 (……) 영국 러프버러에 있는 미국 CIA 전문학교에도 다녔습니다. (……) 미국 CIA의 퇴역대령인 피터 존슨 씨가 미국 CIA 전문학교의 학장이었습니다. (……) 월요일 아침마다 존슨 학장은 미국 CIA가 반공세력으로서 어떤 역할을 해야 하는지 강의했습니다. (……) (우리는) 미국 CIA를 위해 첩보활동을 하고, 미

국 CIA 연락책에게 보고해야 했습니다.[88]

대개 이런 식이었다. 한 명이 고문에 못 이겨 세 명의 이름을 대고, 그 세 명이 고문에 못 이겨 또 세 명의 이름을 대고……. 그런 식으로 한 가문이나 마을 전체가 졸지에 CIA나 KGB의 비밀공작 요원으로 둔갑했다. 그 말이 사실이라면 당시 수십만, 수백만 명의 미국과 소련 스파이가 캄보디아 땅에 있었던 것이다. 이에 대해 폴 포트는 "실수로 무고한 자를 죽이는 것이 실수로 적을 살리는 것보다 낫다"[89]는 어처구니없는 말을 남겼다. 폴 포트와 두크를 포함해 전시실에 있는 크메르루주 전범들의 사진은 날카로운 물건으로 훼손되어 있었다.

두크와 그가 비료로 써 버리겠다고 겁박했던 부 멩은 억겁의 시간을 돌아 법정에서 피고인과 증인으로 다시 만났다. 판사가 부 멩에게 마지막으로 두크에게 하고 싶은 말이

---

88 필립 쇼트, 앞의 책, 698~699쪽.
89 중국 공산당의 초기 슬로건으로 쓰이기도 한 이 말은 18세기 영국의 법학자 윌리엄 블랙스톤이 남긴 "무고한 사람 한 명이 고통을 당하느니 죄인 열 명을 놓치는 게 낫다"를 거꾸로 뒤집은 것이다.

없냐고 물었을 때 부 멩은 이렇게 말했다. "내 아내가 어디에서 죽었나요? S-21 교도소에서? 아니면 청아익에서?"[90] 두크는 알지 못했다. 두크는 자신이 남긴 문서와 부 멩을 비롯한 생존자 및 간수의 증언으로 2010년 1심에서 35년형을 선고받았다. 이에 불복해 항소했으나, 2012년 2심제의 최종심에서 최고형인 무기징역을 받았다. 그 순간 두크는 수많은 사람을 고문하고 죽음으로 몰고 간 일을 후회했을까, 아니면 그것들을 소상히 기록으로 남긴 일을 후회했을까?[91]

90   티에리 크루벨리에, 앞의 책, 236쪽.
91   그 대답은 영원히 들을 수 없게 됐다. 두크는 2020년 9월 일흔일곱 살로 프놈펜의 한 병원에서 병사했다.

4장.
보스니아 내전의

상흔

보스니아헤르체고비나의 사라예보와 모스타르

2019년 노벨 문학상은 《페널티킥 앞에 선 골키퍼의 불안》, 《관객모독》 등을 쓴 오스트리아 작가 페터 한트케에게 돌아갔다. 그런데 보스니아헤르체고비나(이하 보스니아)에서 대통령부터 시민단체까지 일제히 성명을 발표해 스웨덴 한림원의 결정을 강력히 비판하면서 수상 취소를 요구했다. 왜 그랬을까? 한트케가 1995년 보스니아 내전 당시 보스니아 동쪽의 국경도시 스레브레니차에서 세르비아계 군에 의해 이슬람교도 주민 8,000명 이상이 학살된 사건을 인정하지 않았으며, 나아가 2006년에는 내전의 주범인 세르비아 대통령이자 '발칸의 도살자'로 악명 높은 슬로보단 밀로셰비치의 장례식에 참석해 그를 "비극적 인물"이라 이르며 추도했기 때문이다. 밀로셰비치는 네덜란드 헤이그 교도소에 수감되어 국제유고전범재판소ICTY에서 전쟁범죄 혐의로 재판을 받던 중이었다.

노벨 문학상과 제노사이드

셰피크 자페로비치 보스니아 대통령[92]은 "노벨 위원회는 도덕적 판단력을 완전히 잃었다"면서 "한트케의 노벨 문학상 수상자

선정은 수치스러운 일"이라고 맹비난했다.[93] 12월 10일 노벨 문학상 시상식을 앞두고는 일부 피해자들이 속한 국가였던 튀르키예 역시 대통령실 대변인의 성명을 통해 "이 상이 새로운 학살을 장려할 것"이라며 "어떻게 도덕의식과 수치심을 모르는 사람에게 상을 줄 수 있는가"라고 비판했다.[94] 이 학살과 직간접적으로 연관된 알바니아와 보스니아, 코소보, 크로아티아, 북마케도니아, 튀르키예, 아프가니스탄 등 7개국의 주스웨덴 대사는 항의의 표시로 시상식 참석을 보이콧했고, 시상식장 밖에서도 한트케의 수상을 반대하는 시위가 벌어졌다.[95] 하지만 노벨 위원회는 문학성을 기준으로 삼을 뿐 작가의 정치적 입장은 고려 대상이 아니라는 구시대적 원론을 되풀이하며 수상을 철회하지 않았다.

이름조차 낯선 곳, 스레브레니차에서 도대체 무슨 일이 있

---

92 보스니아헤르체고비나는 보스니아계, 크로아티아계, 세르비아계에서 각각 대통령을 선출하는 공동대통령제를 채택하고 있다. 3인이 4년 임기 동안 8개월씩 돌아가며 임무를 수행한다. 셰피크 자페로비치는 2018~2022년에 재임한 보스니아계 대통령이다.

93 〈보스니아 대통령, 한트케 노벨 문학상 선정 반대〉, 〈뉴시스〉 2019.10.11.

94 〈터키 "인종학살 옹호 노벨 문학상 수상자 안 돼"〉, 〈뉴시스〉 2019.12.8.

95 〈한트케, 노벨 문학상 수상⋯전범 옹호 비난에 침묵〉, 〈뉴시스〉 2019.12.11.

었던 것일까? 이 사건과 이어질 여정을 이해하려면 이 책의 다른 장에서보다 좀 더 많은 배경지식이 필요하다. 워낙 다양한 국가와 종교가 뒤얽혀 있기 때문이다. 주제넘은 일이 되지 않길 바라면서, 가능한 간략하게 설명해 보려고 한다.

이탈리아와 그리스 사이 발칸반도 서부에 위치했던 유고슬라비아 사회주의 연방공화국(이하 유고 연방)은 30년 가까이 강력한 철권통치를 펼치며 연방을 하나로 묶었던 요시프 브로즈 티토 대통령이 1980년 사망한 뒤 크게 흔들리기 시작했다. 유고 연방을 구성하던 여섯 개 공화국(슬로베니아, 크로아티아, 보스니아, 세르비아, 몬테네그로, 마케도니아)과 두 개 자치주(코소보, 보이보디나) 통치자들이 돌아가며 대통령을 맡는 순환대통령제를 시행하기로 합의했지만 미봉책에 불과했다. 공산권의 붕괴와 맞물려 경제가 피폐해지고 옛 이념이 희미해져 가는 상황에서, 1987년 연방의 가장 큰 공화국이었던 세르비아에서 민족주의 기치를 내건 밀로셰비치가 급부상해 1989년 대통령까지 올랐다. 그가 자신의 정치적 입지를 다지기 위해 과거에 세르비아인들이 탄압받았던 역사를 끄집어내 자국민들을 선동하면서, 다른 나라들도 민족주의에 경도되기 시작했다. 그러나 유고 연방 사람들은 극히 일부인 알바니아계를 제외하면 외모로는 구별조차 힘든 같은 슬라브 민족이었고, 다만 종교가 다를 뿐이었다. 크게 크로아티아계는 로마가톨릭교를, 보스니아계는 15~19세기에 지배를 받았던 오스만튀르크의 영향으로 이슬람교를, 세르비아계는 그리스정교회의 분파인 세르비아정교를 주로 믿었다. 그나마도 오랫동안 같은 영토에서 어울려 살면서 타 종교 간 결혼도 드물지 않았고, 보스니아계 무슬림들은 돼지고기를 먹거나 술을 마시는 등 세계 어느 이슬람국가 국민들보다 종교색이 희미했다. 하지만 미디어 선전에 능했던 밀로셰비치는 해묵은 종교 갈등을 들쑤셔 유고 연방을 일촉즉발의 상황으로 몰아갔다.

1991년 6월 먼저 크로아티아가 연방 탈퇴와 독립을 선언하자 밀로셰비치는 크로아티아 영토 내에 거주하는 세르비아계 주민들이 위험해지리라는 명분을 내세워 전쟁을 일으켰다. 6개월 남짓한 기간 동안 양측 합쳐 1만 명 이상이 사망하고 휴전협정이 체결됐다. 같은 시기 세르비아계 주민이 거의 없었던 슬로베니아는 비교적 평화롭게 독립을 이뤄 냈다. 곧 보스니아도 독립을 원하게 됐다. 1992년 2월 29일 실시한 국민투표에서 99퍼센트가 독립에 찬성했고, 보스니아는 유엔에서 주권을 인정받았다. 그러나 인구의 약 31퍼센트를 차지했던 세르비아계 주민들은 투표 자체를 보이콧했다. 크로아티아와 전쟁을 일으킨 것과 같은 명분으로, 즉 보스니아가 독립하면 그 영토 안에 거주하는 세르비아계가 박해를 받게 되리라는 이유로 밀로세비치는 또다시 전쟁을 일으켰다. 크로아티아에서의 뼈아픈 패배를 되풀이하지 않고자, 이번에는 더욱 무자비하고 악랄한 방법으로.

이 전쟁에서 결정적 변수는 무기 공급의 불균형이었다. 보스니아 '내전'이라 하면 보스니아계와 세르비아계가 엇비슷한 전력으로 맞붙었다고 생각하기 쉽지만, 실상은 군사력에서 막강한 우위를 보인 세르비아계가 보스니아계를 일방적으로 공격하는 양상이었다. 유엔이 유고 연방 전체를 대상으로 내렸던 무기금수 조치를 풀지 않으면서, 이미 강력한 무기산업과 군대를 구축하고 있던 세르비아를 도와주는 꼴이 됐던 것이다.

한 도시와 마을에서 함께 어울려 살던 세르비아인들은 이웃인 보스니아인들을 상대로 극악무도한 '인종청소'[96]를 자행했다. 온갖 방법으로 집을 빼앗은 뒤 도시나 마을 밖으로 쫓아내고, 온갖 방법으로 남자들을 고문하다 죽이고, 온갖 방법으로 여자들을 강간했다. 그야말로 '빗질하듯' 하루아침에 도시와 마을에서 보스니아인들을 쓸어 냈다. 21세기를 목전에 두고 유럽에 또다시 제노사이드의 광풍이 불어닥친 것이다. 이는 유럽이 아우슈비츠로부터 그리 멀리 벗어나지 못했음을 방증하는 사건이었다. 레비의 우려는 악몽 같은 현실이 됐다. '내정간섭'이라는 이유로 서유럽과 미국이 책임을 회피하며 방관하는 사이, 제대로 된 무기조차 없었던 보스니아인들은 속수무책으로 당할 수밖에 없었고 수만 명의 민간인이 희생당했다.

스레브레니차 학살은 그 가운데서도 단기간에 벌어진 단일 사건으로 가장 큰 인명 피해를 낸 학살이었으며, 제2차 세계대전 이후 유럽에서 벌어진 가장 큰 규모의 집단학살이었다. 1993년 4월 유엔은 세르비아군이 점령한 보스니아 영

---

96 ethnic cleansing. 보스니아 사태를 설명할 때 국제적으로 널리 쓰이는 용어. 그러나 앞서 설명했듯이 세르비아계와 보스니아계는 인종적으로 같은 슬라브인이고 다만 종교가 다르므로 '인종청소'라는 역어는 엄밀히 말해 틀린 것이다. 보스니아 사태는 세르비아계 정교도들이 보스니아계 무슬림들을 대상으로 한 제노사이드였다.

토 내에서 유일하게 보스니아계 무슬림이 인구의 대부분을 차지했던 스레브레니차를 '안전지역'으로 선포하고 네덜란드군을 평화유지군으로 파병해 도시를 지키도록 했다. 자연히 세르비아군 점령 지역 내 무슬림들이 유엔군을 믿고 이 도시로 몰려들었다. 그러나 1995년 7월 라트코 믈라디치 장군이 지휘하는 세르비아군이 스레브레니차를 점령했다. 세르비아군이 보스니아군에 가담할 가능성이 있는 10~50대 남성들을 수십, 수백 명씩 연이어 집단 처형하는 동안, 이런 상황을 전혀 예측하지 못한 채 경무장 상태로 주둔해 있던 네덜란드군 400여 명은 무기력하게 지켜볼 수밖에 없었다. 7월 11~31일 살해된 보스니아인의 수는 8,331명 이상이다. 7월 12일 단 하루 동안에만 6,502명 이상이 사망했다.[97]

7년 후인 2002년 4월 네덜란드에서는 스레브레니차 학살

97　수치는 2013년 사라예보의 Research and Documentation Center^{RDC}에서 발간한 *The Bosnian Book of the Dead*를 참고했다. 수천 페이지에 이르는 이 보고서에는 제목 그대로 보스니아 내전으로 인해 사망한 이들 중 신원이 밝혀진 95,940명의 이름과 인적사항이 실려 있다. 연구소 웹사이트에서 보고서 전문을 다운받을 수 있다. 4부로 나뉜 보고서 중 스레브레니차에서 학살된 이들의 이름은 1부(Part 1)에 실려 있다.

97.

을 막지 못했다는 이유로 총리 이하 장·차관을 포함한 내각 전원이 총사퇴했다. 네덜란드 전쟁기록연구소가 5년에 걸쳐 조사한 결과를 담은 보고서는 "네덜란드 정부가 피신처로 찾아드는 3만여 명의 피난민을 보호하는 데 필요한 적절한 권한이나 무기도 없이 병력을 스레브레니차에 파견, 학살 사건을 방조했다"고 지적했다.[98] 이 보고서 결과를 받아들이고 정부의 책임을 인정하며 반성하는 의미에서 내각이 총사퇴하는 결단을 내린 것이다. 이는 서방국가가 보스니아 내전에 처음으로 보여 준 용기 있는 결정이었다. 하지만 너무나 늦게, 어떤 희생도 되돌릴 가망 없이 발휘한 용기였다.

네 이웃을 사랑하라

내겐 일종의 저장 강박이 있는데, 그 대상은 문자로 된 모든 것이다. 여행지에서 챙긴 각종 팸플릿과 티켓, 몇 장 쓰다 만 다이어리와 수첩, 누가 포스트잇에 써 준 짧은 쪽지, 초등학

---

98 〈"유고 대학살 우리 군이 방조했다" 네덜란드 내각 총사퇴〉,〈중앙일보〉 2002.4.18. 네덜란드 전쟁기록연구소_NIOD_ 웹사이트에서 스레브레니차 보고서 전문을 영문판으로 볼 수 있다.

98.

교 때부터 받은 모든 편지, 초등학교 때 일기와 학급 문집, 대학교 때 쓴 모든 리포트 등등. 심지어 전에 살던 집의 5년 치 관리비 영수증까지 차곡차곡 모아 두었던 걸 얼마 전에야 큰맘 먹고 버렸다. 이런 이야기를 하는 이유는, 내가 발칸반도에 처음 관심을 가지게 된 계기를 생각하다가 대학생 때 쓴 리포트 하나를 떠올리고 가지런히 정리해 둔 외장하드 폴더에서 그것을 찾아냈기 때문이다.

대학교 2학년 1학기에 교양과목으로 '생명, 사회, 정의'라는 거창한 이름의 수업을 들었다. 한 가지도 버거운 주제를 세 가지나 모아 놓아 세 배로 버거운 수업이었는데, 그때 교수님이 내 준 과제 중에 피터 마스의 책《네 이웃을 사랑하라》를 읽고 독서감상문을 써 오라는 것이 있었다. 1992~1993년 〈워싱턴 포스트〉 특파원으로 보스니아 내전을 취재했던 기자가 당시 현장에서 보고 듣고 겪은 내용을 기록한 책이다. 책의 제목인 '네 이웃을 사랑하라'라는 기독교의 계명은, 이 내전에서 자행된 '인종청소'의 특징적인 면모, 곧 옆집의 다정한 기독교도 이웃이 어느 날 갑자기 적으로 돌변해 집을 강탈하고 여자들을 겁탈하고 남자들을 고문하고 살해한 상황을 빗댄 것이다.

대학교 2학년 때의 나는 꽤나 엉큼했던 모양이다. 독서감상문 과제 첫 줄을 이런 낯간지러운 아부로 시작하다니. "아주 조금의 과장을 덧붙여서 이번 과제를 내 준 교수님께 감사하다는 생각을 했다." (나는 그 수업에서 나쁘지 않은 A-를 받았다.) 어쨌든 그 말은 진심이었다. 이 책을 읽으며 나는 이루 말할 수 없이 큰 충격을 받았다. 내가 초등학교를 다니던 시절에 세계 저편에선 사망자 27만 명,[99] 난민 200만 명을 낸 전쟁이 벌어지고 있었다니. 그런데 그걸 까맣게 몰랐다니. 불과 그 몇 년 뒤에 이라크 전쟁의 야간 폭격, 뉴욕의 월드트레이드센터가 무너지는 장면을 텔레비전에서 실시간으로 본 세대인데도 말이다. 교과서에서 '유럽의 화약고 발칸반도' 따위의 설명을 외웠지만 실제로는 아무것도 몰랐던 셈이다. 나치의 강제수용소 이후 처음으로, 1990년대 유럽에 또다시 강제수용소가 들어섰다는 것도, 읽는 것만으로도 고통스러

99　피터 마스, 《네 이웃을 사랑하라》, 최정숙 옮김, 미래의창, 2002, 414쪽. 〈편집자 해설〉에 실린 수치로, 본문에서 피터 마스가 밝힌 "20만 명 이상"(402쪽)과 궤를 같이한다. 하지만 지금까지 알려진 공식적인 사망자 및 실종자 수는 양측 합쳐 대략 10만 명으로 이 책에 나온 수치와 차이가 있음을 밝혀 둔다.

울 만큼 끔찍한 만행과 인권 유린이 벌어졌다는 것도. 하지만 한편으론 이런 생각도 들었다. 그래서 그게 나와 무슨 상관이야? 내가 모르는 세계의 비극이 어디 그뿐이겠어? 그러다 이 구절을 읽고 뒤통수를 얻어맞은 것 같았다.

"보스니아에서 인종청소를 자행한 많은 이들이 평화 시에는 정장 차림으로 출근하고 거실에는 소니 텔레비전을 갖고 있던 전직 변호사와 엔지니어 출신들이었다."[100]

그렇게 이 책 한 권이 오랜 시간이 지난 2008년에 나를, 그때만 해도 우리나라 관광객들에게 널리 알려지지 않았던 보스니아로 이끌었다.

사라예보의 장미

보스니아의 수도 사라예보는 내가 다녀 본 전 세계 도시들 중 손꼽을 정도로 아름다운 곳이다. 저 멀리서 도시를 굽어보는 높다란 산들, 도시를 감싸 안은 낮고 푸른 구릉들, 시내 한쪽을 유유히 가로지르는 가느다란 밀랴츠카강, 그곳에 놓인

---

100 위의 책, 33쪽.

아담한 돌다리들, 아랍의 어느 도시를 연상케 하는 반질반질한 판석이 깔린 전통시장 골목 바슈차르시야, 잘 정비된 널따란 보도를 메운 노천카페, 튀르키예식과 비슷한 진한 보스니아식 커피와 케밥의 일종인 체밥치치를 먹을 수 있는 간이 노점, 가톨릭 성당과 이슬람 사원과 세르비아정교 교회와 유대교 회당의 각기 다른 첨탑들이 어우러진 풍경. 동유럽의 다른 유명한 도시들, 예컨대 프라하나 빈이나 부다페스트처럼 화려한 대도시도 아니요 문화의 중심지도 아니지만, 길거리엔 사람들이 가득하고 바삐 걸음을 옮기는 사람들의 모습에선 생기가 넘쳤다. 여행자 누구라도 이곳이 약동하는 도시, 살아 있는 도시라는 것을 느낄 수 있었을 터다. 《론리 플래닛》 동유럽 편의 사라예보 소개글 첫머리도 이런 식으로 시작한다. "그렇게 끔찍한 고통을 당한 사람들이 어쩌면 이토록 생명력 넘치는 도시를 만들 수 있었을까."

'그렇게 끔찍한 고통'이란 보스니아 내전 중 1992년 4월 2일~1996년 2월 29일 약 3년 11개월간 세르비아군이 보스니아의 수도 사라예보를 포위한 채 도시를 파괴하고 수많은 보스니아계 군인과 민간인을 살상한 일을 이른다. 사라예보는 제2차 세계대전 중 스탈린그라드(오늘날의 볼고그라드)보다 더 오랜 기간 포위 상태에 있었으며, 이는 현대 전투사상 가장 긴 포위 기간이었다.

사라예보를 둘러싼 천혜의 산과 구릉은 수적으론 열세였으나 화력에서 절대 우위를 갖춘 세르비아군이 도시를 포위하고 포격하기에 알맞은 요새로 변했다. 1984년 동계올림픽이 열렸던 그 산과 구릉이다. 매일같이 이어지는 포격과 저격수들의 사격으로 도시 기능은 완전히 마비되고 고립된 시민들은 생사의 문턱을 넘나드는 한편 극도의 물자 부족에 시달렸다. 올림픽을 개최할 만큼 동구권에서 손꼽히는 선진적 도시였던 사라예보는 초토화가 됐다. 포위 기간 동안 사라예보에서 13,952명 이상이 전쟁으로 인해 직간접적으로 사망했다.[101] 유엔 조사 보고서에 따르면 포위 기간 초반 2년간 부상자는 약 56,000명에 달했고, 사망자 중 약 1,500명, 부상자 중 약 15,000명이 어린아이였다.[102]

내가 사라예보를 찾았던 2008년 가을, 아름다운 거리 한

---

101   RDC, *The Bosnian Book of the Dead*, Part 1, p.163.

102   부상자에 관한 정확한 기록은 찾기 힘들었다. 이는 포위 기간 전체가 아니라 1994년 5월 전쟁 중에 발간된 유엔 보고서에서 인용한 수치다.

102.

편으로는 도시를 말 그대로 폐허로 만들었던 내전의 상처들이 여전히 아물지 않은 채 곳곳에 남아 있었다. 건물 외벽의 총탄이나 포탄 파편 자국들은 흔한 풍경이었고, 철근 구조물과 부서진 콘크리트 잔해만 남은 채 방치된 건물들도 눈에 띄었다. 포위 기간 중 계속된 세르비아군의 무차별 포격으로 건물 1만 채 이상이 완파됐고, 10만 채 이상이 부분적으로 피해를 입었다. 세르비아군은 교전규칙이나 인도주의 원칙을 휴짓조각처럼 취급하며 병원과, 심지어 달리는 구급차마저 포격 대상으로 삼았다. 보스니아 전쟁을 단순한 내전이 아니라 제노사이드로 보는 근거 중 하나다.

세르비아군은 보스니아 영토를 점령하는 것을 넘어 보스니아인들을 뿌리째 뽑아내 쓸어버리고자 했다. 따라서 상대의 공포를 극대화해서 무력화하는 물리적·정신적·상징적 말살정책을 전방위적으로 펼쳤다. 오스만튀르크의 흔적이 남은 거리와 모스크 등이 첫 번째 타격 목표가 됐다. 1993년까지 보스니아 전역에서 1,000여 곳의 모스크가 파괴됐다. 세르비아군은 무슬림들의 공동묘지와 영묘를 파괴한 뒤 불도저로 밀어 버리고 그 자리에 공원이나 주차장을 만들기도 했다.[103] 앞서 아르메니아 편에서도 언급했던 '문화청소'였다. 세르비아계가 점령한 프리예도르에서 악명을 떨친 경찰서장은 한 언론 인터뷰에서 모스크 파괴에 대해 이렇게 말했다. "그냥 미너렛(첨탑)을 부수는 걸로는 안 됩니다. 아예 주춧돌까지 뽑아 버려야 해요. 그래야 다른 모스크를 지을 엄두를 못 내지요. 이렇게만 하면 그들은 떠나고 싶어 할 겁니다. 제 발로 떠날 거라고요." 문화청소 전 모스크 열 곳이 있었던 즈보르니크의 시장은 이렇게 말했다. "즈보르니크에는 모스크가 원래 없었습니다."[104] 베번은 《집단기억의 파괴》에서 이러한 파괴가 부수적 효과가 아니라 그 자체로 목적이라고 강조하면서, 건축물이 그토록 중요한 문제가 되는 것은 바로 '불변성' 때문이라고 지적한다. 자신들보다 더 오랜 시간 존재해 왔고 또 존재할 건축유산이 하루아침에 파괴되는 광경을 지켜보는 이들이 느끼는 상실감은 존재를 위협한다. "개개인의 집단 정체성과 이 정체성들의 견고한 연속성이 상실될 위험에 맞닥뜨리는 것이다."[105]

103   레베카 크누스, 《20세기 이데올로기, 책을 학살하다》, 강창래 옮김, 알마, 2012, 243쪽.

104   로버트 베번, 앞의 책, 78쪽.

보스니아 국립도서관은 그러한 정신적 말살 과정의 상징과도 같은 곳이다. 오스트리아·헝가리제국 시기인 1896년 완공되어 시청사로 쓰였으며 사라예보를 상징하는 건축물로 꼽혔던 국립도서관에는 약 150만 권의 장서와 155,000권에 달하는 희귀본 및 필사본이 소장되어 있었다. 이는 동서양의 경계에서 수 세기 동안 다양한 문화와 종교가 충돌하고 또 융합하며 축적해 온 고유하고 독창적인 지식들이 고스란히 담긴 보고이자 인류 공통의 문화유산이었다. 그러나 1992년 8월 25일 밤, 보스니아의 지적 정수를 말살하려는 세르비아군의 공격으로 이 중 대부분이 소실됐다.

세르비아군의 공격은 주도면밀했다. 우선 일대의 물 공급을 차단한 뒤 소이탄을 퍼부어 불을 질렀다. 그러고는 기관총과 박격포 공격을 끊임없이 가해 소방관들의 접근을 막고 사람들이 책을 가지고 나오지 못하도록 했다. 하지만 그 와중에도 용감한 소방관들이 화재 진압을 벌였고 사서들과 자원한 시민들이 목숨을 걸고 인간 띠를 만들어 일부 책들을 밖으로 날랐다.

---

105   위의 책, *16쪽*. 보스니아 내전 중 사라예보와 모스타르 등에서 행해진 문화적·종교적 건축물 파괴에 관한 더 자세한 내용은 *60~78쪽*을 참고하라.

소방대장이었던 케난 슬리니치는 왜 (책을 구하는 데) 목숨을 거느냐는 질문에 이렇게 대답했다. "내가 여기(사라예보)에서 태어났기 때문이고, 그들이 내 몸을 불태우고 있기 때문입니다."[106] 그곳의 자료들은 "수 세기에 걸친 오스만제국의 지배에 이은 수십 년간의 오스트리아·헝가리제국의 지배와 유고연방 체제 아래서도 살아남아 번영을 구가했던 보스니아의 다원주의 사회와, 역사와 문화적 배경이 다른 가운데서도 서로 어울려 살아온 여러 민족의 삶의 모습을 비추는 거울"이었고, 바로 그 이유 때문에 파괴의 대상이 됐던 것이다.[107] 국립도서관 폭격은 이 '내전'의 실체가 한 집단을 물리적·정신적으로 완전히 파괴하려는 제노사이드임을 보여 주는 상징적 사건이다. 히틀러가 아르메니아 학살에서 영감을 얻었듯이, 세르비아 민족주의자들은 나치 시대에 대규모로 자행된 분서焚書에서 영감을 얻었을 것이다.[108] 독일 시인 하인리히 하이

---

106   레베카 크누스, 앞의 책, 250쪽.

107   매슈 배틀스, 《도서관, 그 소란스러운 역사》, 강미경 옮김, 넥서스 BOOKS, 2004, 257쪽.

108   1933년 5월 10일 밤, 베를린의 베벨 광장에서 근처 베를린 대학 도서관에 소장되어 있던 카를 마르크스, 지그문트 프로이트, 프란츠 카

네가 이미 한 세기 전에 경고했던 대로("책을 불사르는 인간은 결국 다른 인간들을 불사르게 된다"), 이 일련의 문화 파괴 작업이 이어질 인종청소의 서곡임을 서방세계는 간파하고 막았어야 했다. 그러나 '그때'도, '이때'도, 그들은 그러지 못했거나 알면서도 묵과했다.

사라예보 필하모닉 오케스트라의 수석 첼리스트였던 베드란 스마일로비치는 처참하게 파괴된 국립도서관 중앙홀의 잔해에 걸터앉아 하룻밤 사이에 불타 사라진 수백 년 역사를 애도하며 알비노니의 〈아다지오 G단조〉를 연주했다. 그 모습을 담은 사진이 전 세계 외신을 통해 보도되며 이목을 끌었으나 잠시뿐이었다. 스마일로비치는 그해 5월 27일 빵을 배급받기 위해 중앙광장에 길게 줄을 서 있던 시민들 가운데 22명이 세르비아군의 포격을 받고 사망한 이른바 '빵 배급줄 학살' 사건 다음 날부터 22일간 그 자리에 검은 옷을

프카, 토마스 만, 슈테판 츠바이크 등 나치가 지정한 '반反독일' 도서들을 쌓아 놓고 불태운 사건. 이후 분서는 5월에만 독일 전역 30개 대학으로 번져 나갔으며, 나치 치하에서 12년간 약 1억 권의 책이 불에 타 사라졌다. 자세한 내용은 《20세기 이데올로기, 책을 학살하다》 4장 및 《도서관, 그 소란스러운 역사》 6장, 《책을 불태우다》(리처드 오벤든, 이재황 옮김, 책과함께, 2022) 8장을 참고하라.

입고 나와, 숨진 사람 한 명 한 명을 기리는 연주를 해서 '사라예보의 첼리스트'로 널리 알려진 인물이었다. 이 추모 연주 당시 세르비아군이 저격수들에게 스마일로비치를 사살하라는 명령을 내렸지만, 어느 저격수도 감히 그렇게 하지 못했다는 이야기가 전한다. 2014년 마침내 복구를 마치고 재개관한 도서관에서 스마일로비치는 사라예보 필하모닉 오케스트라와 함께 〈아다지오 G단조〉를 다시 한번 연주했다.

밀랴츠카 강변에 자리한 국립도서관은 스페인 그라나다의 알람브라궁전을 연상케 하는 웅장한 파사드에 겨자색과 적갈색 줄무늬로 페인트칠을 한 외벽이 멀리서도 한눈에 시선을 사로잡는 건물이었다. 사람들이 좋아하든 싫어하든 한 도시를 상징하며 무시할 수 없는 존재감을 뽐내는 랜드마크 말이다. 무어 양식을 모방해 지어 이슬람 점령기의 스페인이나 아랍의 건축양식이 엿보인다. 내가 이곳을 찾았을 땐 이미 두 차례에 걸친 복구 작업을 거친 뒤였으나, 내부에 들어갈 수 없는 것은 물론이고 여전히 파사드 이곳저곳이 부서져 나간 채 외벽 전체에 총알과 포탄 자국이 남아 있었다. 코발트블루빛 잉크를 풀어놓은 듯 새파란 하늘 아래, 여기저기 얽은 자국처럼 상처가 난 따뜻한 누런 빛깔의 건물이 비극적인 대비를 이루었다. 복구 작업을 위해 설치한 비계가 골절 환자의 몸을 지탱하는 보조기처럼 보였다. 그 모습은 이 도시가 겪은 아픔을 즉물적으로 상기시켰다. 도시의 활달한 분위기에 젖어 내내 살짝 들떠 있던 마음이 한순간에 가라앉았다.

사라예보를 여행하며 그런 순간들을 계속해서 맞닥뜨렸다. 사라예보 곳곳의 길 위에는 '사라예보 로즈'가 피어 있다. 사라예보 로즈는 장미의 품종 이름이 아니다. 세르비아군이 발사한 포탄이 콘크리트 바닥에 떨어져 파편들이 동심원 모양으로 퍼져 나간 흔적이 장미 같다고 해서 붙은 이름이다. 세상에서 제일 슬픈 꽃. 간단히 덮거나 메울 수도 있었겠지만, 그렇게 하는 대신 일부에 붉은색 시멘트를 채워 놓았다. 도시의 어두운 과거를 서둘러 지워 버리지 않고 길이 기억하기 위해 남겨 둔 것이다.

1994년 2월 5일에는 사라예보 최대 시장에 직경 120밀리미터의 박격포 포탄이 떨어져 68명이 사망하고 144명이 부상했다. 토요일 오후 12시, 시장이 한창 붐빌 시간이었다. 화창한 주말을 맞아 장을 보러 나온 민간인들을 겨냥한, 사라예보 포위 기간 중 일어난 최악의 집단학살 사건이다. 더구나 시장은 유엔이 지정한 '안전지역' 내에 있었다. 이 사건은 마침 그 부근을 촬영 중이던 TV 카메라에 고스란히 잡혀 국제적인 공분을 불러일으켰다. 이에 세르비아 측에서는 다른 수많은 사건과 마찬가지로 이 학살 역시 보스니아 측이 벌인 자작극이라는 터무니없는 주장을 내놓았다.

내가 그곳을 찾았을 때, 참사의 현장인 마르칼레 시장은 같은 자리에서 활기차게 영업 중이었다. 옥외 시장으로 노란색 철골 기둥이 떠받친 지붕 아래 매대들이 빽빽하게 늘어서 있고, 각 매대에는 제철을 맞은 색색의 과일과 채소가 탐스럽게 쌓여 있었다. 이 세상에 만연한 증오와 폭력에도 삶은 계속된다는 단단한 증거 앞에 마음이 숙연해졌다. 하지만 이내 시장의 떠들썩한 분위기에 녹아들었다. 관광지라기보단 지역 주민들이 주로 찾는 곳이어서 그런지 상인들은 낯선 동양인 여행자들에게 적극적으로 호객을 하진 않지만, 관심을 보이면 조금 수줍어하면서도 친절하게 맞아 주었다. 가격도 저렴하고 인심도 후했다. 한 할아버지는 가격만 물어봤을 뿐인데 이미 먹음직스러운 청포도를 한 아름 퍼 담아 건네주었고, 한 아주머니에게서는 엄마와 함께 여행을 마칠 때까지도 다 먹지 못했을 만큼 많은 양의 깐 호두를 우리 돈 3,000원 정도에 샀다.

짧은 사라예보 여행 마지막 날 오후에는 터널 박물관을

찾았다. 포위당한 사라예보에서 매일같이 사람들이 죽어 가고 있을 때 유엔 평화유지군이 실질적으로 했던 유일한 일은 구호물자를 공수하는 것이었다. 그나마 유엔군이 주둔하고 있던 공항에서 시내로 진입하는 도로는 세르비아 저격병들의 주요 타깃이 되어 '저격수의 길'로 불렸다. 생존을 위해 물자를 실어 나르던 보스니아 군인과 수많은 민간인이 이곳에서 세르비아 저격병들에게 살해당했다. 그 때문에 보스니아 진영에서는 공항으로부터 안전하게 물자를 가져오기 위해 1993년 3~6월 길이 800미터에 이르는 지하 터널을 건설했다. 중장비를 사용할 수 없었기에 사람들이 24시간 3교대로 일일이 흙을 파내 외발 수레로 밖으로 날라야 했다. 고된 작업이었다. 그렇게 완성된 터널이 수많은 이들의 목숨을 살린 이른바 '희망의 터널'이다.

그 시작점이었던 집이 지금은 박물관으로 쓰이고 있다. 사라예보 중심가에서 차로 30분 정도 떨어진 곳에 위치해 있어, 왕복 이동을 포함해 세 시간가량 걸리는 투어로 둘러보았다. 1인당 2만 원 정도 하는 투어 자체는 조야하고 급조한 티가 났다. 그도 그럴 것이 시의 지원 없이 한 개인이 유지, 운영하고 있었기 때문이다. 박물관이라고는 하지만, 진입로에 사라예보 로즈가 있고 외벽 군데군데에 총알과 포탄 자국이 난 작고 낡은 2층짜리 목조주택이 전부다. 딱히 전시물이랄 것도 없이, 당시 사진 몇 장에 짤막한 설명이 달린 보드 몇 개가 벽에 걸려 있을 뿐이다. 다만 터널의 입구가 이 집 지하에 있어 들어가 볼 수 있으며, 앞뒤로 가이드의 짧은 설명과 영상 시청이 곁들여진다.

터널은 웬만한 성인 한 명이 지날 수 있을 정도의 폭에 키가 160센티미터인 나도 허리를 굽히고 고개를 숙여야 할 만큼 천장이 낮은 땅굴이었다. 바닥에는 수레를 끌 수 있는 레일이 설치되어 있었다. 그러나 현재 남아 있는 터널은 10미터 남짓이나 될까 말까다. 얼마 걷지도 않았는데 앞이 막혀 더 이상 나아갈 수 없자 나는 실망하고 말았다. 이어서 사라예보 포위 기간에 보스니아 군인이었다는 가이드가 뒷마당에 그림지도 한 장을 놓고 당시의 전황을 설명했지만, 사실 귀에 하나도 들어오지 않았다. 나는 이곳에서 무엇을 기대했던 걸까? 800미터에 이르는 땅굴을 걸어 반대편으로 나갈 수 있기를? 쫄깃하고 짜릿한 전쟁 엔터테인먼트를? 가이드가 설명하는 내내 "나는 네 상처를 이해해"라며 쉴 새 없이 입을 놀려 대던 중년의 호주 남자와 영상을 시청하는 내내 온갖 아는 체를 하면서 "어차피 점령하는 것이 목적이라면 도대체 왜 멀쩡한 건물들을 죄다 파괴하는지 이해할 수 없어"라고 투덜대는 젊은 미국 여자 때문에 더 아찔해졌다. 나는, 이 사람들은, 우리는 도대체 무엇을 하러 여기에 온 것일까? 나로 인해 생전 이름조차 들어 본 적 없는 나라의 역사 강의를, 그것도 어설픈 내 통역을 통해 띄엄띄엄 듣게 된 엄마가 "나는 무슨 내용인지도 잘 모르겠고 지루하다"고 한 말이 나를 포함해 그곳에 '비장하게' 모인 사람들의 어떤 반응보다 가장 진실에 가까웠을 것이다.

서방세계의 침묵

투어를 마치고 시내로 돌아가는 길, 차 안에는 무거운 침묵이 감돌았다. 육체적으로 힘들 일이 없었는데도 정신적으로 피로해서인지 나는 녹초가 되어 있었다. 중간에 운전기사가 사라예보 시내가 한눈에 내려다보이는 근사한 뷰 포인트라며 내려 준 곳에서 잠시 한숨을 돌렸다. 기사의 설명대로 과연 도시의 전경이 한눈에 들어왔다. 그 가운데 유독 눈에 띄는 커다란 노란색 건물이 있었다. 홀리데이인 호텔이었다. 사라예보 포위 기간에 이곳의 상황을 알리기 위해 위험을 무릅쓰고 전 세계에서 찾아왔던 외신 기자들이 숙소로 이용했던 곳이어서 그나마 치명적인 포격은 피할 수 있었다. 당시 그곳에 묵었던 사람 중에는 《네 이웃을 사랑하라》를 쓴 피터 마스를 비롯해, 포화 속 사라예보를 무려 아홉 차례나 찾았으며 그 와중에 연극 〈고도를 기다리며〉를 상연하기도 했던 수전 손택도 있었다.

손택은 서방세계에 사라예보의 참상을 부지런히 알렸으나 달라지는 것이 없는 현실에 끊임없이 분노했다. 그는 여러 글을 통해 보스니아 내전과 인종청소를 (아우슈비츠를 겪고도) 서방세계가 그토록 철저히 묵과한 이유를 지적했다. 그것은 이 학살의 피해자들이 대부분 이슬람교도기 때문이라고, 즉 서구가 이슬람을 바라보는 뿌리 깊은 부정적 태도, 보스니아를 은연중에 유럽의 바깥, 곧 자신들과 거리가 먼 비문명 세계이자 일종의 야만적 세계로 여기는 태도 때문이라고 손택은 신랄하게 비판했다. 실제로 사라예보에 주둔했던 유엔군 사령관조차 사적으로나 공적으로나 '이곳 사람들은 세르비아계나 보스니아계나 모두 미쳤다'는 식의 말을 서슴없이 내뱉으며 편견과 무관심을 정당한 것으로 포장했다. 초대 사라예보 유엔군 사령관인 루이스 매킨지 장군은 미 하원 국방위원회에 출석해 이렇게 발언했다. "보스니아 문제는 세 명의 연쇄살인범을 다루는 것과 같습니다. 한 범인은 열다섯 명을 죽였고, 다른 범인은 열 명, 또 다른 범인은 다섯 명을 죽였다고 합시다. 그렇다면 우리가 다섯 명을 죽인 범인을 도와야 합니까?"[109] 1993년 존 메이저 영국 총리는 "보스니아 분쟁은 누구도 통제할 수 없는 비개인적·필연적 힘의 소산이었다"라고 했다. 그다지 새로울 것도 없는 말이었다. 1세기 전 프랑스 외무장관 가브리엘 아노토도 튀르키예의 아르메니아인 학살을 두고 "기독교도와 무슬림 사이에 행해진 수천 가지 사건 중 하나"라고 했으니.[110] 서방세계는 이슬람이 관계된 분쟁이라면 갑자기, 적극적으로 바보가 되어서 극명히 나뉜 가해자와 피해자도 구분을 못 하게 되는 모양이다. 그래서 손택은 친절하게 이렇게 물었다.

109　피터 마스, 앞의 책, 61쪽.

110　마크 마조워, 《발칸의 역사》, 이순호 옮김, 을유문화사, 2006, 226쪽.

프랑스 정부가 코르시카인들을 대거 살육하고 나머지 주민들을 코르시카에서 쫓아내기 시작한다면, 또는 이탈리아 정부가 수백만 명의 피난민이 양산되더라도 시칠리아나 사르데냐의 주민들을 모두 쫓아내기 시작한다면, 그도 아니면 스페인 정부가 반항적인 바스크 주민에게 최후의 해결책을 쓰기로 결정한다면 어떨까? (……) 물론 이런 일은 일어날 수 없을 것이다. 그렇지 않은가? 유럽에서는 말이다. 내 사라예보 친구들은 포위 기간 동안 늘 이렇게 말하곤 했다. 어떻게 '서방세계'는 이런 일이 우리에게 일어나도록 방치할 수 있었지? 이곳도 유럽인데. 우리도 유럽인인데 말이야. (……) 세르비아가 1992년 보스니아 북부에 죽음의 수용소(이 수용소는 1940년대 이래로 유럽에 세워진 최초의 수용소였다)를 건설한 사건부터, 1995년 여름 세르비아가 스레브레니차 등지에서 수천 명의 민간인을 집단 처형한 사건에 이르기까지. 그리고 유럽은 이 사건을 묵과했다. 그러니, 확실히 보스니아는 유럽이 아니었다.[111]

111 수전 손택, 〈우리가 코소보에 와 있는 이유〉,《타인의 고통》, 232~233쪽.

전쟁 전 사라예보는 일종의 '이상 도시'였다. 이는 전쟁 전의 모든 도시를 묘사할 때 작가들이 으레 들곤 하는 상투적인 미사여구가 아니다. "유럽에서 통합과 관용의 상징으로 가장 적합한 도시를 파괴해 버리고 싶은 망나니가 있다면 사라예보를 고르면 됐다."[112] 사라예보는 이슬람교를 믿는 보스니아계와 세르비아정교를 믿는 세르비아계와 가톨릭교를 믿는 크로아티아계 주민들이 어우러져 살아가던 곳, 이슬람 사원과 세르비아정교 교회와 가톨릭 성당이 길 하나를 두고 사이좋게 자리 잡은 곳이었다. 보스니아의 무슬림들은 뉴욕의 보통 유대인들만큼이나 세속적이었고, 세르비아계나 크로아티아계와 같은 슬라브 민족으로 생김새로는 명확히 구분조차 할 수 없었다. 종교 간 결혼도 흔했다. 세르비아가 전쟁을 일으키기 전해에는 사라예보에서 결혼한 사람들 중 60퍼센트가 서로 다른 종교적 배경을 가지고 있었다. "나는 사라예보가 비종교적이고 반종족주의적인 이상을 상징한다는 바로 그 이유 때문에 파괴의 대상이 됐다는 사실을 강조하고 싶은 것이다."[113] 손택의 말이다. 그러니

---

112 피터 마스, 앞의 책, 211쪽.

113 수전 손택, 〈사라예보에서 고도를 기다리며〉, 《강조해야 할 것》, 김유경 옮김, 시울, 2006, 417쪽.

밀로셰비치가 내세운 '민족 보전'이란 기만적인 허울에 불과했다.

물론, 보스니아인들이 하루에 메카를 향해 다섯 번 절을 하고 코란을 외우며 술과 돼지고기를 입에도 대지 않는 정통 무슬림이었다고 해도 이들을 박해할 권리는 누구에게도 없다. 피터 마스를 비롯한 서구의 기자들과 손택을 비롯한 서구의 학자들이 강조하는 보스니아인들의 '희미한 종교색'은 '그럼에도, 그럼에도 불구하고'라는 절망 속 외침으로 이해할 수 있겠다.

1994년 12월 30일 금요일 자 〈뉴욕 타임스〉는 연말이자 주말을 맞아 백화점, 옷, 가구 등의 세일을 알리는 화려한 전면 광고로 가득했다. 그 가운데 자세히 보지 않으면 지나칠 4분의 1면짜리 단순한 부고 광고가 14면에 실렸다. 검은 테로 둘러싸인 부고의 내용은 다음과 같았다.

추모

우리의 책임, 원칙, 도덕적 가치

1994년 보스니아에서 사망함

사라예보 포위 1,000번째 날에[114]

그 아래에는 '발칸반도의 평화를 위한 미국과 유럽 행동협의회'라는 이름으로 미국과 유럽의 시민운동계 및 문화계 인사 일흔한 명의 서명이 있었다. 내겐 대부분 낯선 이름들 가운데 '수전 손택'이 단연 눈에 들어왔다.

모스타르의 오래된 다리

한 도시, 한 마을에서 어울려 살던 사람들이 갑자기 서로를 향해 총구를 겨누게 된 보스니아 내전 특유의 상황을 더욱 극적으로 보여 주는 곳이 바로 보스니아 남부의 모스타르라는 소도시다. 사라예보에서 차로 두 시간 반가량 걸리는 모스타르는 이슬람교도인 보스니아계 주민들과 가톨릭교도인 크로아티아계 주민들이 다리 하나를 사이에 두고 오랫동안 평화롭게 공존하던 도시였다. 보스니아계와 세르비아계, 크로아티아계 사이의 통혼율이 보스니아 전체에서 가장 높았다. 깊고 푸른 네레트바강을 20미터 높이로 가로지르는 스타리모스트('오래된 다리'라는 뜻)는 1566년 오스만제국이 이 지역을 점령

114 피터 마스, 앞의 책, 403쪽에서 재인용.

했을 당시에 건립한 말 그대로 '오래된 다리'이자 도시의 자랑이었다. 또한 주민들의 일상적인 약속 장소이자 프러포즈 명소, 한여름에 다이빙 대회가 열리는 무대기도 했다.

그러나 밀로셰비치의 허황된 선전은 이곳마저 지옥으로 바꿔 놓았다. 내전 초기에 함께 세르비아에 맞섰던 보스니아계와 크로아티아계 주민들이 반목하며 마을이 불타고 수많은 사람이 죽었다. 신원이 밝혀진 사망자 수는 2,501명이다.[115] 사라예보에 비하면 적은 수지만 교전이 벌어진 시기와 도시의 규모에 비하면 결코 적은 수가 아니었다. 평화의 상징이었던 아름다운 다리도 1993년 11월 9일 크로아티아 포병대가 퍼부은 포탄 60발에 파괴됐다. 도시 이름 자체가 '다리의 파수꾼'이라는 뜻을 가진 모스타르 주민들의 역사이자 일상이 그렇게 하루아침에 사라졌다.

마을 곳곳에 자리한 공동묘지의 비석들에 새겨진 출생 연도는 제각기 달랐으나 사망 연도는 대부분 1993년이었다. 채 열 살이 안 된 어린아이들의 무덤도 부지기수였다. 관광

---

115   RDC, *The Bosnian Book of the Dead*, Part 1, p.202. 사망자들의 이름은 Part 2, pp.589~670에 실려 있다.

지구로 말끔히 정비된 구시가와 달리 대다수의 주민들이 살고 있는 거주 지구 곳곳에는 무수히 총알 자국이 나 있고 외벽이 부서지고 창문이 깨어진 채 그대로 방치된 건물이 많아 을씨년스럽기까지 했다.

다행일까. 2004년 유네스코 등의 후원으로 스타리모스트가 재건되고 2005년 다리와 그 일대가 세계유산으로 지정되면서 점차 많은 관광객이 모스타르를 찾고 있다. 유네스코 세계유산위원회는 스타리모스트를 등재하며 이렇게 덧붙였다. "옛 다리의 르네상스와 그 주변 지역을 포함한 모스타르 옛 시가지는 다양한 문화적·민족적·종교적 배경을 가진 사회가 공존할 수 있음을 보여 주는 뛰어나고 보편적인 상징이다."[116] 반들반들한 자갈길을 따라 늘어선 갤러리와 튀르키예풍 기념품 가게, 전망 좋은 카페, 황홀한 네레트바강 상류의 풍광, 규모는 작아도 건축적으로 훌륭한 모스크 등이 있는 구시가는 그 자체만으로도 충분히 매력적인 관광지다. 내가 딱 하루 머무른 그날엔, 햇빛은 따스하고 공기는 서늘한 데다 하늘은 더없이 쾌청해 더욱 아름다워 보였다. 오랜

116. 유네스코 한국위원회 웹사이트 '모스타르 옛 시가지의 다리' 항목.

116.

전통이라고는 하지만 관광객들에게 돈을 받고 스타리모스트에서 뛰어내리는 아찔한 '다이빙 쇼'를 선보이는 아이들 때문에 마음이 불편해지고, 내전으로 인해 넘쳐나는 탄피를 이용해 만든 열쇠고리와 군용품 따위를 파는 기념품 상점에 머리가 복잡해지긴 했어도 말이다. 보스니아에 그토록 깊은 상처를 남긴 전쟁은 불과 10년 남짓한 시간에 '상품'이 되어가고 있었다. 그 또한 살아남은 사람들이 살아가는 방법이며, 그들을 탓할 순 없을 것이다. 다분히 관광객들더러 보라고 둔 게 분명한, 스타리모스트 양 끝에 놓인 커다란 돌에는 영어로 '1993년을 잊지 말라*DON'T FORGET '93*'라고 새겨져 있었다.

5장.
사라진
사람들

칠레의 기억과 인권 박물관과 아르헨티나의 오월 광장

동지들, 나를 이슬라네그라에 묻어 주게나,

내가 아는 바다 앞에, 내 잃어버린 눈이

다시 볼 수 없을 파도와 돌이 만든

울퉁불퉁한 지대.

파블로 네루다, 《모두의 노래》에서[117]

시인의 흔적을 찾아가는 길은 '메타포'적이었다. 발파라이소 버스터미널에서 튀긴 고기만두 엠파나다로 요기를 하며 버스 시간을 기다리고 있을 때, 바로 앞 도로로 족히 200~300명은 되어 보이는 시위대가 피켓과 플래카드를 들고 구호를 외치며 행진해 왔다. 길 건너편이 의회 건물이었다. 1973년 9월 11일 쿠데타로 정권을 장악하고 17년간 공포 정치를 펼친 아우구스토 피노체트가 수도 산티아고 시내에 있던 구의회를 폐쇄하고 새로 지은 곳이다. 산티아고에서 약 110킬로미터 떨어진 항구도시 발파라이소는 육군 총사령관이었던 피노체트의 근거지이자 쿠데타 진군 명령이 최초로

117 　파블로 네루다, 《모두의 노래》, 고혜선 옮김, 문학과지성사, 2016, 692쪽.

내려진 곳이다. 얄궂게도, 이 쿠데타로 사망한 대통령 살바도르 아옌데의 고향 또한 발파라이소다.

네루다의 집

도로는 진작에 비워진 상태였고, 의회 진입로에는 바리케이드가 쳐지고 시위대가 더 이상 나아가지 못하도록 전투경찰들이 시위 진압용 장갑차를 앞세워 도열해 있었다. 초여름의 찬연한 햇살이 시위대와 진압대 모두에게 공평하게 떨어지는 정오 무렵, 예상치 못하게 맞닥뜨린 풍경은 거의 초현실처럼 느껴졌다. 나는 잔뜩 긴장해 있는데, 주위의 사람들은 익숙한 일인 듯 느긋한 표정으로 시위대의 구호를 따라 외치거나 함께 박수를 치며 휘파람을 불거나 카메라와 휴대폰으로 촬영을 하기에 바빴다. 이내 살수차에서 공중으로 물대포가 쏟아지고(시위대를 직접 겨냥하지는 않았다), 그와 동시에 시위대에서 환호성이 터져 나왔다. 조금도 주눅 들지 않고 물줄기가 거세질수록 목소리 또한 거세졌다. 전투경찰의 물대포가 록 페스티벌에서 관객을 향해 뿌려지는 물줄기라도 되는 것처럼. 의회 앞 도로가 여름 축제 현장이라도 되는 것처럼. 시위대를 줄곧 졸졸 따라온 커다란 검둥개 한 마리가 앞으로 나서서 신나게 물을 뒤집어쓰고는 몸을 부르르 떨었다. 정해진 매뉴얼이 있는지 살수는 10여 분간 간헐적으로 이어지다가 멈추었고, 이후에 시위대는 차도에서 비켜나 의회 앞 보도와 계단에 열을 맞추어 늘어서 선언문을 낭독하고 구호를 외친 뒤 올 때 그랬던 것처럼 신속하게 해산했다. 거리는 순식간에 일상으로 돌아갔다. 민주화된 칠레의 단편, 평생을 민중의 투사로 살았던 파블로 네루다의 집을 찾아가는 길에 더없이 어울리는 전조였다.

'칠레의 민중시인' '노동자의 친구' '열혈 공산당원'. 파블로 네루다에 대해서는 흔히 주워섬기는 수식어 외에 아는 바가 없었다. 그의 시와 삶을 모르고서야 의미 없이 흩날릴 단어들의 조합에 불과한 말들이다. 그러니 오랫동안 책장 구석에 처박아 두었던 네루다의 양장 시집 두 권을 그 긴 여행길, 무거운 짐에 끼워 넣은 것은 한 줌의 의무감과 알량한 허세에서 비롯됐음을 고백해야겠다. 칠레에는 네루다 재단에서 직접 박물관으로 운영하는 생가만 세 군데가 있지만, 그중에서 가장 발품이 드는 이슬라네그라를 택한 것도 그곳이 가진 상징성 때문이라기보다는 발파라이소에서 묵은 민박집 주인 우고 아저씨의 강력한 추천 때문이었다. 칠레에서 가장 좋아하는 곳이라고, 네루다를 잘 몰라도 충분히 아름다운 공간이며 풍경이라고 했다.

내가 거쳐 온 수도 산티아고와 발파라이소에도 네루다의 집이 있지만, 발파라이소에서 다시 남쪽으로 45킬로미터 떨어진 이슬라네그라의 집은 그중에서도 특별하다. 시인이 살아생전 가장 아꼈으며, 중년부터 말년까지 칠레에 머무는 시간 동안 주요 작품들을 써 낸 곳이자 그토록 사랑한 마지막 아내 마틸데 우루티아와 함께 잠들어 있는 곳이기 때문이다. 〈일 포스티노〉라는 영화의 원작으로 유명해진 안토니오 스카르메타의 소설 《네루다의 우편배달부》의 배경이기도 하다.

거리상으로는 얼마 안 되지만 동네마다 들르는 완행버스는 하염없이 단조롭게 이어지는 길을 달려 두 시간여 만에야 이슬라네그라에 나를 홀로 떨궈 놓았다. 정류장에 이름도 안내판도 없어서 제대로 내린 게 맞나 싶을 때, 근처 레스토랑에서 밖에 세워 둔 메뉴판을 보고 안심했다. 거기에 네루다가 특별히 좋아해 송가까지 바친 생선 수프 요리인 '칼디요 데 콩그리오*caldillo de congrio*'가 가장 먼저 적혀 있었다. 동양인이 이곳을 어슬렁거릴 이유는 한 가지밖에 없기에, 사람들은 내가 묻기도 전에 이미 눈빛으로 대답할 준비를 하고 있었다. "네루다? 저쪽으로 쭉 가시오." 양옆으로 소나무가 우거지고 붉은 흙먼지가 풀풀 날리는 소로를 따라가자, 갈림길의 공터에서 옷을 더럽히며 신나게 뛰어노는 아이들의 웃음소리 너머로 파도소리가 겹쳐졌다.

이슬라네그라*Isla Negra*는 스페인어로 '검은 섬'이라는 뜻이고 우리나라 책이나 언론에서 간혹 '네그라섬'으로 표기하지만, 실제로는 섬이 아니다. 태평양에 면한 한적한 바닷가 마을로, 해안에 검은 바위가 많아 네루다가 이름 붙인 것이 그대로 마을 이름이 됐다. 네루다는 1937년 유럽에서 돌아와 평생의 숙원인 《모두의 노래》를 집필할 공간을 찾고 있었다. "역사적 사건, 지리적 환경, 우리 민중들의 삶과 투쟁을 모두 아우르는 총괄적인 시를 반드시 써야 할 필요가 있었다. 이슬라네그라의 거친 해변과 대양의 사나운 물결 덕분에 나는 이 시의 창작에 몰두할 수 있었다."[118]

1938년에 네루다는 이곳 바닷가의 작은 땅과 그보다 더

---

118   파블로 네루다, 《파블로 네루다 자서전》, 박병규 옮김, 민음사, 2008, 215쪽.

작은 석조 오두막을 출판사들의 도움으로 구입했다. 그리고 1943년 겨울부터 1965년까지 친한 건축가들과 더불어 직접 집을 증축하고 가꾸어 갔다. 네루다는 이를 "집이 점점 자라났다. 꼭 사람처럼, 꼭 나무처럼"이라고 표현했다.[119] 겉으로는 마치 여러 채의 오두막을 얼기설기 잇댄 것처럼 보인다. 내부의 낮은 천장, 갑판을 닮은 투박한 나무 바닥, 한 사람만 지나갈 수 있을 정도로 좁은 복도. 굳이 오디오 가이드의 설명을 듣지 않더라도 이 집이 '배'를 모티브로 했음을 한눈에 알 수 있다. 평생 바다를 동경하며 바다에서 영감을 얻었던 시인의 집다웠다. 길고 좁은 집 구조는 또한 그가 바다와 시만큼이나 사랑했던 조국 칠레를 연상케 했다. 아니, 해안선을 따라 길게 지어진 집은 그 자체로 칠레였다.

거실, 식당, 침실, 서재 등 모든 공간에는 바다를 향해 커다란 창이 나 있다. 집 전체가 바다로 무한히 트여 있는 듯하다. 집 안을 가득 채운 주요 수집품들도 전부 바다와 관련된 것이다. 뱃머리에 달던 조각인 선수상, 돛, 키, 유리병 안에 든 배 모형, 해도, 조개껍데기, 네루다가 자서전에서 "가장 칠레다운

119 생가 안내 팸플릿에서.

고래"라고 표현한 향유고래의 이빨 등등. 모두 시인으로, 외교관으로 전 세계를 여행했던 네루다가 열정적으로 사들이거나 선물받은 것들이다. 그러나 물건들이 집 안 가득한데도 사치스럽다거나 허영을 부린다는 인상은 조금도 풍기지 않았다. 그 사실에 조금 놀라면서, 나는 그 물건들에서 마치 어린아이가 바닷가 모래사장에서 잡동사니들을 주워 모은 듯한 천진함을 느꼈다.

그가 생전에 사용하던 물건들, 마치 어제 신고 벗어 놓은 것처럼 광이 나게 닦여 가지런히 놓인 가죽 구두, 그가 즐겨 쓰던 베레모를 비롯해 영국 근위병 모자와 베트남 전통 모자 '농'에 이르는 각종 모자, 담배 파이프, 양 모양 쿠션, 개 모양의 스테이플러, 펜, 그리고 그가 시를 쓸 때 사용하던 그 유명한 초록색 잉크병 등에서도 네루다의 성정이 짙게 묻어났다. 양말, 양파, 마늘, 감자, 소금 등 온갖 사소한 사물을 기리는 시를 남겼던 네루다였기에, 작은 물건에서도 애정이 엿보였다. 상원의원을 지낸 정치인이자 외교관, 노벨 문학상을 수상한 세계적 시인 이전에 사랑하는 것이 많았고 풍류와 유머가 넘쳤던 인간 네루다를 만난 기분이었다. 이 집은 취향의 박물관이자, 유년 시절의 기억부터 말년의 정신까지 아우르는 한 생애의 박물관, 또한 모든 사물이 한 인간을 우회해 가리키는 메타포의 박물관이었다. 곧 이슬라네그라의 집은 그가 빚은 형체 있는 시였던 것이다.

바닷속을 유영하는 기분으로 집 안을 천천히 거닐면서 나는 그 집과 네루다에 매료됐다. 그리고 푸른 바다가 바라보이는 박물관 카페테라스에 앉아 그가 사랑했던 파도 소리를 들으면서, 그때껏 별생각 없이 지고 다니던 그의 시집을 펼쳤다. 그렇게 그의 "시가 나를 찾아왔"다.[120]

또 하나의 9.11

"산티아고에 비가 내린다."

1973년 9월 11일 아침, 발파라이소발 무전이 국영 라디오 채널로 방송됐다. 이는 육군 총사령관이었다가 전날 스스로 군사평의회 의장 자리에 오른 아우구스토 피노체트가 전군에 내리는 쿠데타 개시 명령이었다. 비가 내리기는커녕 화

---

120   파블로 네루다, 〈시〉, 《네루다 시선》, 정현종 옮김, 민음사, 2007, 119쪽.

창하기만 했던 그 이른 봄날, 수도 산티아고의 보통 사람들이 제각기 일상을 꾸려 나가는 사이, 탱크와 화기로 중무장한 군인들이 대통령 관저인 모네다궁으로 들이닥쳤고 공중에서는 전투기가 위협 비행을 했다. 투항하지 않으면 궁을 폭격하겠다는 수차례의 협박에도 살바도르 아옌데 대통령은 조금도 흔들리지 않았다. 궁의 민간인들을 설득해 전부 내보낸 뒤 떠나기를 거부한 최측근 보좌진 몇 명과 남아 전투모를 쓰고 AK-47 소총 한 자루를 손에 쥔 채 끝까지 궁을 지켰다. 당시 쿠바 총리였던 피델 카스트로가 선물한 총이었다. 쿠데타군이 궁을 완전히 장악하기까지는 채 반나절도 걸리지 않았다. 세계 최초로 국민이 참여한 민주적 투표로 선출된 사회주의 정권의 수장이었던 아옌데 대통령은 국민들을 향해 마지막 라디오 연설을 유언으로 남기고 사살됐거나 자살했다.[121]

---

121 타살이냐 자살이냐 여부는 아직까지 확실하게 밝혀지지 않았고, 여전히 격렬한 논쟁거리다. 현장에서 그의 마지막 모습을 목격한 의사의 증언 및 부검 결과를 토대로 군부는 아옌데가 자신의 총으로 자살했다고 발표했으나, 유족들은 이를 받아들이지 않았다. 그날 모네다궁에 남아 있다가 피신한 아옌데의 딸 베아트리스는 1973년 9월 28일 쿠바에서 열린 집회에서 "살바도르 아옌데 대통령은 혁명의 전장에 나선 군인으로서 적의 총탄에 맞아

저는 언제나 여러분 곁에 있을 것입니다. 그리고 적어도 조국에 충성하려 노력했던 한 존엄한 인간으로 저를 기억해 주십시오. 인민 여러분, 스스로를 보호해야 합니다. 하지만 절대 희생되지는 말아 주십시오. 저들에게 뿌리째 뽑혀선 안 됩니다. 대신 저들의 모욕을 참지도 말아 주십시오. 조국의 노동자 여러분, 저는 칠레와 칠레의 운명에 대한 믿음이 있습니다. 반역이 우리에게 강요한 이 잿빛으로 쓰디쓴 순간을 이겨 낼 누군가가 있을 것입니다. 여러분께서 잊지 않으셨으면 좋겠습니다. 머지않은 장래에 자유로운 인간이 더 나은 사회를 건설하기 위해 당당히 나아갈 드넓은 거리가 열리게 될 것임을. 칠레 만세! 인민 만세! 노동자 만세![122]

이 연설을 끝으로 라디오방송은 중단됐고, 오후 6시에 피노체트는 군부가 전국을 장악했음을 선포했다.

전사했다"고 말했다(살바도르 아옌데 외, 《기억하라, 우리가 이곳에 있음을》, 정인환 옮김, 서해문집, 2011, 92쪽).

[122] 아옌데의 육성 연설 일부. 위의 책, 40~41쪽.

산티아고에 있는 기억과 인권 박물관에서 아옌데 대통령의 이 연설을 헤드폰을 쓰고 들을 때, 나는 도저히 참지 못하고 그야말로 펑펑 울고 말았다. 영어 자막으로 뜻을 파악했지만, 사실 자막을 보지 않았어도 마찬가지였을 것이다. 아무리 냉정해지려고 해도, 이 상황을 한 편의 장엄한 비극으로, 아옌데 대통령을 불의에 굴복하는 대신 자신의 신념을 지키기 위해 스러져 간 영웅적 주인공으로 보지 않기란 힘든 일이었다. 자신의 삶이 곧 끝나리라는 사실을 알고 있는 한 인간, 한 남자, 한 지도자가 마치 내장에서 끌어올린 듯 비장한 목소리로 한 마디 한 마디에 힘을 주어 내뱉는 단어들은 그 자체로 그의 분신처럼 느껴졌다. 이성과는 관계없이 나는 거기서 오늘날에는 더 이상 존재하지 않는 어떤 낭만적인 비애를 보았으며, 고백하자면 나는 이 연설을 읽을 때마다 운다.

그로부터 정확히 12일 뒤에는 아옌데의 동지였던 네루다 또한 암투병 끝에 숨을 거두었다. 1970년 대통령 선거에서 공산당 예비후보였던 네루다가 사퇴하고 사회당 후보였던 아옌데를 지지하며 '인민연합'을 구성함으로써 아옌데가 대통령에 당선된 바 있다. 네루다의 부인 마틸데 우루티아는 아르헨티나 라디오방송을 통해 들은 아옌데 대통령의 서거 소식이 "파블로를 죽였다"고 회고했다.[123] 그는 사경을 헤매면서도 "사람들을 쏴 죽이고 있어! 사람들을 쏴 죽이고 있다고!"라고 절규했다고 한다. 9월 25일 군부의 불허가를 무릅쓰고 산티아고에서 거행된 네루다의 장례 운구 행렬에는, 군인들이 도열해 총을 들고 위협하는 가운데서도 수만 명의 시민이 함께해 그의 시편을 입에서 입으로 이어 암송했다. 세계의 이목이 집중된 장례식인 만큼 수십 명의 외신 기자와 사진기자, 방송 카메라가 조문객들을 군인들로부터 보호해 주었다. 하지만 행렬이 공동묘지 정문에 다다르자 군인들은 장갑차를 앞세워 압박해 왔고, 조문객들은 절규하듯 구호를 외치기 시작했다. "파블로 네루다 동지여, 영원하라!" "살바도르 아옌데 동지여, 영원하라!" 그날의 장례식은 칠레에서 인민연합이 주도한 마지막 시위이자 군부정권에 저항하는 시민들의 첫 번째 시위였다.[124]

독재 정권의 탄압 때문에, 네루다가 《모두의 노래》에서

123　위의 책, 103쪽.

124　위의 책, 105~106쪽 참조.

시를 빌려 남긴 유지대로 이슬라네그라의 바닷가에 묻히기까지는 20년 가까운 세월이 걸렸다. 바다 바로 앞에 자리한, 별다른 장식 없이 이슬라네그라의 검은 돌만을 두른 소박하고 정갈한 무덤이다. 그러나 내가 2014년 이슬라네그라를 찾았을 때 그 무덤 속에는 네루다의 유해가 없었다. 네루다가 독재 정권에 의해 독살됐을지도 모른다는 의혹이 제기되면서 2013년에 유해를 발굴해 재조사에 들어갔기 때문이다. 이후 타살의 흔적은 없다고 결론이 났지만 공방이 거듭됐고,[125] 네루다의 유해는 2016년에야 다시 이슬라네그라의 "내가 아

---

125   네루다 독살설의 전모는 대략 이렇다. 2011년 네루다의 마지막 운전기사이자 비서가 네루다가 사망하던 날 누군가가 네루다의 가슴에 주사기를 찔러 넣는 것을 목격했다고 폭로했다. 네루다는 바로 다음 날에 멕시코로 망명해 적절한 치료를 받고 반피노체트 활동을 이어 가기로 되어 있었다. 이에 논란이 거듭되자 정부는 2013년 유해를 발굴해 재조사에 착수했고 곧 타살의 흔적은 없다는 결론을 발표했다. 그런데도 논란이 가라앉지 않자, 2016년 재조사에 필요한 유해 일부만 남기고 나머지는 이슬라네그라에 재매장한 뒤 국제 법의학 전문가들이 참여해 조사를 이어 가도록 했다. 그리고 2017년 국제 법의학 전문가들은 네루다의 유해에서 공식 사인인 고환암에 의한 흔적을 찾을 수 없다고 발표하며 타살설에 무게를 실어 주었다. 〈Pablo Neruda: Experts say official cause of death 'does not reflect reality'〉, 〈The Guardian〉 2017.10.23. 참조.

는 바다 앞"으로 돌아갔다.

기억과 인권 박물관

기억과 인권 박물관을 찾아가는 길은 쉽지 않았다. 실제로 찾기 어려운 곳에 있는 게 아니라 《론리 플래닛》남미 편이 잘못된 정보를 가르쳐 준 것이다! 원래 주소는 마투카나Matucana 거리였으나 《론리 플래닛》지도에는 마투라나 Maturana 거리에 표시되어 있었고, 그에 따라 엉뚱한 지하철역이 쓰여 있었다. 딱 한 권이긴 하지만 여행 가이드북을 편집했던 출판 편집자로서 '내가 교정을 봤다면 이런 실수는 안 했을 텐데!'와 '헉, 나도 이랬으면 어떡하지!' 사이에서 마음이 복잡해지는 순간이었다. 거리 이름이 틀렸으리라는 생각은 꿈에도 못 한 채 번지수가 틀렸겠거니 하며, 애꿎은 마투라나 거리를 1번지부터 끝까지 걸으면서 도대체 박물관은 어디 있는 거냐고 혼자 분통을 터뜨렸다. 나중에 두 커플이 문제의 《론리 플래닛》을 들고 내 바보 행진에 합류했다.

나는 거의 40분을 그러고 나서야 뭔가 잘못됐다는 낌새를 챘다. 그제야 주위를 둘러보고는 별다른 할 일 없이 길에 나와 있는 듯 보이는, '나는 네 질문에 대답할 준비가 되어 있단다, 치카' 오라를 폴폴 풍기는 할아버지 한 분을 발견했다. 칠레를 여행하다 보면 어느 골목에서나 이런 할아버지를 한두 명쯤 마주치게 마련이다. 먼저 다가오는 법은 없지만 말을 걸면 기다렸다는 듯 도와주는 고맙고 귀여운 할아버지들. 그 할아버지에게 여쭤보고서야 가이드북이 잘못됐음을, 박물관의 정확한 위치가 어디인지를 알 수 있었다. 덤으로 무슨 말인지 제대로 알아들을 수 없는 칠레사 강의를 스페인어와 영어로 한참 들어야 했지만 말이다. GPS와 구글맵스의 시대에도 나는 여전히 종이 지도와 《론리 플래닛》에 의지하는 구식 여행자였으나, 이 사건을 계기로 신문물에 적응하기로 다짐했다.

기억과 인권 박물관은 1973~1990년 피노체트 집권기에 전국에서 조직적으로 자행된 납치, 감금, 고문, 강간, 살해, 암매장 등의 인권 유린 상황을 알리는 곳이다. 전시는 칠레 '진실과 화해 국가위원회'가 민선 정부가 들어선 1990년부터 9개월간 조사를 벌여 1991년에 발간한 방대한 보고서와 이어진 추가 조사 및 피해자들의 증언을 토대로 했다. 2007년 5월, 피노체트 정권하에서 쿠데타 참여를 거부한 공군 장성이었던 아버지를 잃고 자신 또한 고문을 당한 바 있는 미첼 바첼레트 당시 대통령이 박물관 건립을 공식 발표하고, 약 13개월의 공사를 거쳐 2010년 1월 11일 박물관이 정식으로 개관했다.

박물관은 멀리서도 시야를 압도할 만큼 주변의 고전 양식의 유럽풍 건물들과 대비되는 초현대식 건물이었다. 도로면보다 아래로 움푹 파인 거대한 방주 위에 커다란 청동색 유리 상자가 가로로 걸쳐 있는 모양새다. 완만한 경사를 따라 내려가면 방주의 바닥에 해당하는 넓은 광장이 나오고, 그 앞쪽에 청동색 상자를 닮은 전시관 입구가 있다. 건물을 양쪽에서 떠받치고 있는 콘크리트 구조물은 칠레의 국토를 구분짓는 태평양과 안데스산맥을 형상화했다고 한다.[126] 칠레의 산과 바다를 닮은 오묘한 푸른색의 장방체 건물은 역사의 망망대해에 오롯이 떠 있는 기억의 상자처럼 보인다. 입구까지 길게 이어진 콘크리트 벽면에는 황동 부조로, 스페인어로 된 〈세계인권선언〉이 기록되어 있다. 〈세계인권선

126.

126   기억과 인권 박물관 건축에 대해서는 ARCHITONIC 웹사이트를 참고하라.

언)은 두 차례의 참혹한 세계대전을 겪은 뒤에 다시는 전 세계에서 그와 같은 일이 벌어져선 안 된다는 국제적 합의하에 작성되어 1948년 유엔총회에서 채택됐다. 제1조는 이렇게 시작한다. "모든 사람은 자유로운 존재로 태어났고, 똑같은 존엄과 권리를 가진다. 사람은 이성과 양심을 타고났으므로 서로를 형제애의 정신으로 대해야 한다."[127]

1층에는 전 세계에서 독재 정권하에 벌어진 인권 유린 실태를 밝히기 위해 각국이 기울인 노력을 정리해 놓았는데, 우리나라의 의문사 진상규명위원회도 간단히 소개되어 있다. 2층에 올라가면 4층 천장까지 쭉 이어진 거대한 벽면 전체를 가득 메운 사진들이 시선을 사로잡는다. 진실과 화해 국가위원회의 조사를 통해 밝혀진, 독재 정권하에서 살해되거나 실종된 사람들의 사진이다. 터치스크린에서 사진 속 인물들의 이름과 이들이 당한 일을 확인할 수 있다. 3층 난간 앞에는 붉은빛을 발하는 촛불 모양의 아크릴 조명들을 쭉 세워 놓아 추모의 의미를 더했다. 제노사이드가 벌어진 실제 현장을 보존한 아우슈비츠나 투올슬렝 박물관 등과 달

127.

127   앰네스티 한국 지부 웹사이트에서 전문을 우리말로 볼 수 있다.

리, 강철과 유리와 나무와 LED 패널이 어우러진 현대적이고 심미적인 외관의 각 전시실에는 피노체트 집권기에 전국적으로 운영됐던 강제수용소 및 고문시설 현황과 거기서 자행된 각종 만행, 미국이 쿠데타와 피노체트 정부를 비밀리에 지원한 내용이 담긴 기밀문서, 생존자들의 증언, 관련 예술작품 등이 일목요연하게 전시되어 있다. 다만 대부분의 설명이 스페인어로만 되어 있고 사진 촬영도 불가여서 내가 전시 자체만으로 파악할 수 있는 내용은 많지 않았다.

칠레의 진실과 화해 국가위원회가 9개월에 걸친 조사 끝에 내놓은 1,800여 쪽 분량의 방대한 보고서에 따르면, 1973~1990년 최소 35,000명이 직접적·물리적 피해를 입었다. 그중 28,000명이 각종 고문을 당했으며, 2,279명이 사형에 처해졌고, 1,248명이 실종됐다.[128] 그 밖에도 미국 CIA가 지원한 '콘도르 작전'을 통해 정권에 반하는 정당인, 사회운동가, 언론인, 학자 등 수많은 인사들이 소리 소문 없이 제거됐다. 정부가 위험인물로 분류한 20만 명에 달하는 사람이

---

128 미국평화연구소*USIP* 웹사이트에서 〈칠레 진실과 화해 국가위원회 보고서〉(영문)를 볼 수 있다.

128.

강제로 추방당하거나 목숨을 구하기 위해 해외로 망명했으며, 정확히 파악할 수조차 없는 수많은 보통 사람이 각 지역의 고문시설에서 불법으로 구금되어 심문을 받았다. 위원회에서는 "국가기관 또는 그러한 기관을 위해 일하는 자에 의해 체포된 후 실종, 살해 또는 고문치사한 경우 및 정치적인 이유로 민간인이 저지른 납치와 인명 살상 시도"만 조사할 수 있었기 때문에, 이들 고문 피해 생존자들의 숫자는 불확실한 상태로 남아 있다.[129] 칠레 전역에 1,000곳이 넘는 고문시설이 있었고, 약 5만 명에서 최대 20만 명에 이르는 피해자가 있었을 것으로 추산할 뿐이다.

사막을 헤매는 여성들

모든 내용이 지나칠 정도로 깔끔하게 정리되어 있던 박물관의 바깥 세계에는 아직도 제자리를 찾지 못한 과거가 산재한다. 칠레의 과거사 청산 작업은 유례없이 신속했으나, 갈등

---

129 프리실라 B. 헤이너, 《국가폭력과 세계의 진실위원회》, 주혜경 옮김, 역사비평사, 2008, 84쪽.

을 서둘러 봉합하느라 놓친 부분도 많았다. 군부는 혹여 정권이 바뀌어도 자신들을 처벌하지 못하도록 사면법을 통과시켰고, 그에 따라 독재 정권의 주요 인물들에 대한 사법처리는 거의 이루어지지 않았다. 그 과정에서 철저하게 외면당한 실종자 가족들의 이야기를 파트리시오 구스만 감독의 다큐멘터리 〈빛을 향한 노스탤지어〉(2010)를 통해 알게 됐다.[130]

이 작품은 언뜻 천문학을 다룬 자연 다큐멘터리처럼 시작한다. 세계에서 가장 건조한 지역이자 공기가 희박하고 맑아 천체관측이 가장 용이하다는 칠레 북부 아타카마 사막의 천체망원경과 은하의 이미지로. 그러고는 별을 찾는 천문학자들의 인터뷰에서 역시 아타카마에서 고대 인류의 흔적을 찾는 고고학자들의 이야기로, 이내 아타카마에 암매장됐을 것으로 추측되는 실종자들을 찾아 헤매는 여성들의 이야기로 옮아간다. 아타카마와 소금사막으로 유명한 볼리비아 우유니 여행의 거점이 되는 마을 칼라마의 여성들은 피노체트 정권하에서 실종된 남편이나 형제, 자식을 찾아 2002년

---

130 〈칠레 전투〉(1975~1979)를 연출하기도 한 파트리시오 구스만 감독은 일련의 다큐멘터리 작업을 통해 칠레 군부독재의 만행과 그 영향을 미학적으로, 정치적으로 훌륭하게 그려 냈다.

까지 28년 동안 사막을 헤매며 수색 작업을 벌여 왔다. 그중 일부는 지금까지도 그 작업을 계속하고 있다. 정부와 사회의 철저한 외면과 무시 속에서 메마르고 광활한 대지를 작은 삽 하나 들고 하릴없이 헤매는 여성들의 이미지는 너무나 고독해 보인다. 다큐는 그것이 광활한 우주에서 새로운 별을 찾는 천문학자들의 작업만큼이나 막막한 일이라고, 그러나 한 구의 시체를 찾는 일이 이들에게는 하나의 별을 찾는 일만큼 중대하다고, 나아가 실종된 사람들 한 명 한 명은 하나의 별과 같은 존재라고 에둘러 보여 준다. 촬영 당시 일흔 살이라고 밝힌 비올레타 베리오스라는 여성의 말은 우리에게도 많은 질문을 던진다.

"이제는 시간 같은 거 안 따져요. (……) 늘 희망에 부풀어 시작하고 고개를 떨구고 돌아서지요. 하지만 마음을 추스르고 다 떨쳐 내요. 다음 날 더 희망차게 다시 시작하지요. 이상하게들 볼 거예요. 왜 뼈가 필요하냐고. 필요해요. 절실하게. 누가 마리오[131]의 턱뼈를 찾았다고 하면 필요 없다고 할 거예요. 온전히 끌고 갔으니 전부를 내놓으라고. 저 한 사람만이 아니라

131 그의 남편으로 추정되나 다큐에서 정확하게 밝히지는 않았다.

모든 사람이 그래요. 오늘이라도 찾으면 저는 내일 죽어도 좋아요. 행복하게 죽을 거예요. 하지만 이대론 못 죽어요."

그러면서 자신들은 "칠레의 나환자"와 같다는 그의 말이 폐부를 찌른다. 아타카마뿐 아니라 아리카, 이키케, 피사과, 라세레나, 콜리나, 파이네, 론켄, 콘셉시온, 테무코, 푼타아레나스 등 칠레 전역에 사라진 가족의 유골을 찾아 헤매는 사람들이 있다.

구스만 감독의 또 다른 다큐멘터리 〈자개단추〉(2015)는 칠레 남부 '불과 얼음의 땅' 파타고니아 지역에서 벌어진 원주민 학살의 역사와 함께 피노체트 집권기에 고문치사를 당한 뒤 바다에 수장된 사람들의 이야기를 들려준다. 이 작품에서 다루는 '죽음의 비행vuelos de la muerte'이란, 시체를 실어 바다나 큰 강, 심지어 산악지대에 던져 버린 군 헬리콥터의 비행을 이르는 말이다. 지역 사람들의 입을 통해 풍문으로 떠돌던 이 이야기는 30여 년이 지나서야 당시 이송을 담당했던 일부 공군 조종사들이 양심 고백을 하면서 본격적으로 세상에 알려졌다. 각지의 수용소에서 고문을 당하다 사망한 사람들의 몸에 30킬로그램에 달하는 철로를 묶은 뒤 비닐과 감자 포대로 감싸고 헬리콥터로 실어 가 공중에서 그대로 바다에 빠뜨렸다는 내용이다. 심지어 일부는 숨이 붙어 있는 상태로 던져졌다. 다큐에서는 그 수가 1,200~1,400명에 이를 것으로 추정된다고 했다. 아옌데 정권에서 공산당 교육위원으로 활동한 마르타 우가르테는 그 당시에 확인된 첫 번째 희생자로, 산티아고에서 182킬로미터 떨어진 라바예나의 해변에서 변사체로 발견됐다. 어떤 이유에서인지 얼굴이 거의 붓지 않은 채로, 고통과 공포로 일그러진 표정으로 굳은 채 눈을 부릅뜨고 있는 그의 사체 사진이 뇌리에서 떠나지 않는다.

인터뷰이로 출연한 인권운동가이자 시인인 라울 수리타는 이를 "이중 살인"이라고 표현했다. 피노체트 정권은 가족들이 그 시체조차 찾을 수 없도록 정권의 '적'으로 규정한 이들을 비밀리에 매장 또는 수장했다. '이중 살인'이란 말은 희생자의 목숨을 빼앗고 장례의 존엄마저 박탈했다는 의미지만, 나아가 희생자 가족들에게서 애도를 앗아 감으로써 희생자만이 아니라 남은 가족들의 미래와 영혼까지 파괴했다는 뜻으로 해석할 수도 있을 것이다. 시인은 "물에도 기억이 있다면, 이 모든 일을 기억할 겁니다"라고 했다. 우리가 귀를 기울이면 물이 들려주는 실종자들의 목소리를 들을 수 있을 것이라고. 실종자들의 신원을 파악하기 위해 2004년 진행

한 발굴 작업에서 철로에 박힌 채로 발견된 어느 '자개단추'
는 한 사람이 세상에 남긴 마지막 흔적이었다.

진실과 화해 국가위원회 보고서에서는 이러한 '강제 실종'
을 군부정권이 벌인 특별히 악랄하고도 특징적인 범죄로 규
정하고 이에 많은 부분을 할애했다. 남은 가족들에게 희생
자의 죽음을 알리지 않거나 심지어는 살아 있다고 거짓말을
하고 그들을 만나게 해 준다며 돈을 요구하는 일들이 벌어
졌다. 가족들은 평생 헛된 희망을 품은 채 고통 속에서 살아
가야 했다. 데사파레시도스*desaparecidos*, 즉 '실종자들'은 칠
레를 포함해 남미 대부분의 지역에서 비슷한 시기에 집권한
군부독재 정권에 의해 납치되거나 구금된 뒤 행방불명된 사
람들을 가리키는 고유명사가 됐다. 그리고 그 흔적은 아르
헨티나의 수도 부에노스아이레스에서도 만날 수 있었다.

오월 광장의 어머니들

비슷한 시기 옆 나라 아르헨티나에서도 미국의 지원을 등에
업은 군부가 정권을 장악하고 1976~1983년 좌파 세력을 탄
압하는 피의 독재를 펼쳤다. 이른바 '더러운 전쟁*Dirty War*'이

다. 아르헨티나에선 알려진 인명피해 규모가 훨씬 크다. 민간인 약 3만 명이 불법체포되어 아르헨티나 전역에 있던 수용소로 끌려가 고문당한 뒤 살해된 것으로 추정된다. 칠레에서는 가톨릭교회가 반군부 편에 서서 시민들을 보호했던 반면 아르헨티나에선 군부 편에 서서 시민들을 외면했기 때문이라는 분석도 있다. '결코 다시는Nunca Más'이라는 제목으로 1985년 발간된 아르헨티나 실종자 진상규명위원회의 보고서는 그 가운데 실종자 8,960명에 대한 기록과 전국의 365개 고문시설에 대한 정보 등을 담고 있다. 단행본으로 발간된 이 보고서는 첫날 4만 부가 팔렸고, 이후 8주 동안 15만 부가 팔려나갔다. 이후로도 중쇄를 거듭해 아르헨티나 역사상 가장 많이 팔린 출판물로 기록됐다.[132] 'Nunca Más(눈카 마스)'는 군부독재의 과거를 잊지 말자는 상징적 구호로 떠올랐다.

그보다 훨씬 전에, 군부에 의해 영문도 모른 채 어느 날 갑자기 끌려간 자식을 둔 어머니들의 모임인 '오월 광장의 어머니들'은 진실을 밝히고 자식들을 돌려 달라고 외치며 1977년부터

132.

132   프리실라 B. 헤이너, 앞의 책, 82쪽. 《눈카 마스》보고서 영문판은
      데사파레시도스 웹사이트에서 볼 수 있다.

공개 행진을 시작했다. 1977년은 독재의 칼날이 가장 서슬 퍼렇던 시기였다. 게다가 모임의 이름이 비롯한 오월 광장은 아르헨티나 대통령 관저인 로사다궁 코앞에 있었다. 당시 군사 정권은 단 몇 사람이 모이는 것조차 불법 집회로 규정했고, 그래서 어머니들은 체포되지 않으려 광장을 계속 걸어야 했다. 그후로 40년이 넘게 계속될 목요 행진의 시작이었다. 이들이 점차 인지도를 얻고 참여 인원이 늘어나자 위협을 느낀 군부는 이 어머니들을 가리켜 '미친년들'이라는 원색적인 비난을 퍼부었다.

"우리를 땅바닥에 던졌죠. 긴 막대기로 때리고 최루탄을 뿌렸어요. 우리는 최루탄에 대비해서 입안에 레몬을 물고 있곤 했죠. 기마경찰이 최악이었어요. 무자비했죠. 우리들 위로 그냥 말을 타고 덮쳤어요. 우린 거의 미친 사람들처럼 달려야만 했습니다."[133]

군부에 끌려간 아들과 며느리를 다시는 보지 못한 라켈 라디오 데 마리스쿠레나의 이야기다. 당시 경찰은 이 여자

133 　수 로이드 로버츠, 〈오월 광장의 할머니들〉, 《여자 전쟁》, 심수미 옮김, 클, 2019, 58쪽.

들을 광장 밖으로 몰아내기 위해 할 수 있는 모든 방법을 동원했다. 심지어 모임의 창립을 주도했던 아수세나 비야플로르는 1977년 세계인권선언일 밤에 군부에 납치되어 수용소로 끌려가 고문을 당하고 바다에 내던져진 것으로 추정된다.

이 어머니들은 대부분 중등교육도 채 마치지 못했고, 결혼 이후 사회활동을 거의 하지 않은 가정주부들이었다. 끌려간 자녀들이 품었던 좌파 정치 논리나 신념을 공유하기는 커녕 이해조차 못 했다.[134] 그러나 교회도 이웃도 친척도 심지어 남편도 연좌제로 끌려갈까 두려워 침묵할 때 자식을 찾기 위해 떨치고 일어났던 건 바로 그 가정주부였다. 어머니들은 정부의 온갖 탄압에도 꿋꿋하게 자리를 지켰고, 이들의 용감한 목소리는 아르헨티나를 넘어 전 남미로, 세계로 퍼져 나갔다. 군부도 더 이상 이들을 함부로 건드릴 수 없었다. 어머니들이 행진할 때 둘러쓴 흰 머릿수건은 이 운동의 상징으로 떠올랐다. 오월 광장 바닥에는 이 머릿수건을 형상화한 로고가 그려져 있다. 아르헨티나의 휴양도시 바릴로체의 시민회관 앞 작은 광장에서도 바닥에 그려진 이 로

134 위의 책, 56쪽 참조.

고를 보았다. 그곳엔 그 지역에서 실종된 사람들의 이름과 실종 날짜가 함께 적혀 있었다.

정부를 상대로 한 저항으로서의 '오월 광장의 어머니들*Las Madres de Plaza de Mayo*' 행진은, 독재 정권의 치부를 덮기 위해 상정된 '화해법'이 대법원에서 위헌 판결을 받으면서 2006년 공식적으로 종료됐다. 그러나 여전히 아르헨티나와 남미를 비롯해 전 세계에는 '돌아오지 못한 아이들'이 너무나 많았다. 어머니들은 같은 처지의 가족들과 연대하여 사람들의 관심을 촉구하고자 그 이후로도 매주 목요일 오후 3시 30분, 같은 자리에서 행진했다.

내가 이 행진을 지켜본 2014년 10월 마지막 주의 목요일은 우리나라의 4월 말에 해당하는 날답게 온화하고 화창했다. 전날까지 거센 바람을 동반해 쏟아지던 폭우가 거짓말처럼 뚝 그치고 눈이 시릴 만큼 새파란 하늘 아래 모든 사물이 싱그럽게 빛났다. 광장 주변을 에워싼 커다란 하카란다 나무들에선 보랏빛 꽃이 피어나기 시작했다. 분홍빛 로사다궁 앞 잔디 광장에서는 시민들이 한가로이 앉거나 누워 책을 읽고 담소를 나누며 시간을 보내고 있었다. 로사다궁 바로 앞 도로에서 소규모 시위대가 행진하며 구호를 외치고 있었지만, 경찰은 멀찍이서 지켜보기만 할 뿐 아무런 충돌도 일어나지 않았다. 박수를 치며 노래를 부르는 시위대의 모습은 유쾌해 보이기까지 했다. 아르헨티나와 칠레를 여행하는 동안 자주 마주치게 될 광경이었다. 광장 한편에서는 즉석에서 오렌지 세 개를 짜낸 주스를 15페소, 단돈 1달러 남짓에 팔고 있었다. 한 잔 사서 들이켜니 온몸의 감각이 깨어나는 듯했다. 오렌지주스의 이데아라 할 만한 맛이었다. 나는 기분이 한껏 고양되어서 이미 이곳을 사랑하게 된 것 같아, 라는 의미로 고개를 주억거렸다. '좋은 공기Buenos Aires'라는 도시 이름이 단박에 이해가 됐다.

한가롭던 오월 광장에 행진이 있기 30분 전부터 사람들이 모여들기 시작했다. 하얀 천막 부스가 들어서고, 모금을 위한 홍보 활동이 펼쳐졌다. 하얀 머릿수건 로고 배지, 엽서 등을 판매하기도 했다. 나도 20페소를 내고 배지 하나를 골랐다. 이윽고 3시 30분이 가까워지자 흰 머릿수건을 둘러쓴 할머니들을 중심으로 대오가 만들어졌다. 맨 앞 열의 사람들이 함께 든 기다란 플래카드에는 "민중의 심장 속 혁명가들"이라고 쓰여 있었다.

자식을 잃을 당시 중년이었던 어머니들은 모두 백발이 성성한 할머니가 됐다. 비록 허리는 굽었으나 그 기개만큼은 조금도 굽지 않았다. 수많은 관광객이 지켜보고 여기저기서 끊임없이 카메라가 찰칵대는 가운데서도 아주 익숙하고 여유로운 모습으로 꼿꼿하게 앞을 향해 걸어 나갔다. 서로를 격려하면서 웃으며 말을 주고받기도 했다. 새파란 하늘 아래 새하얀 머릿수건이 눈부시게 반짝였다.

이날 이들의 옆에는 한 달 전인 9월 26일에 멕시코 게레로주 이괄라라는 소도시에서 교사 처우 개선을 요구하는 집회에 참여하기 위해 버스를 타고 멕시코시티로 상경하다가 실종된 교육대학생 마흔세 명을 포함해, 부패한 공권력과 결탁한 범죄조직에 의해 사라진 수만 멕시코인에 대한 관심을 촉구하는 멕시코 어머니들의 행렬이 함께했다. 얼마 뒤 실종된 학생 마흔세 명 중 단 한 명만 쓰레기봉투에 담긴 시신으로 발견됐을 뿐, 9년이 지난 2023년 현재까지 나머지 마흔두 명은 흔적을 찾지 못하고 있다. 당시 사건 수사를 지휘했던 헤수스 무리요 카람 전 멕시코 법무부 장관은 "마약 갱단이 학생들을 살해하고 이들의 시신을 쓰레기장에서 불태웠다"고 수사 결과를 발표했으나, 이후 경찰과 정부 차원에서 사건을 부실하게 수사했고 이를 은폐하기 위한 조직적 시도가 있었다는 정황들이 속속 밝혀지면서 멕시코 사회를 들끓게 했다. 그러다가 정권이 바뀐 뒤 2022년 8월 독립적인 전문가와 현 정부가 함께한 진상규명위원회에서 이 사건을 갱단과 국가기관이 합작한 '국가범죄'로 결론지은 보고서를 발표했고, 하루 만에 사건에 연루된 군인, 지방 공무원, 경찰, 갱단 단원 등을 포함해 여든세 명에게 대대적인 체포 영장이 발부됐다. 거짓 수사 결과를 발표했던 전 법무부 장관도 고문, 공권력 남용, 비밀 납치 등의 혐의로 체포됐다.[135] 그렇게 정의가 실현되는 듯했지만, 불과 한 달 만에 기소된 관련자들이 수사 절차상의 미흡을 이유로 줄줄이 무죄 판결을 받으면서 분노한 유가족과 시민들은 다시 거리로 나서 시위를 이어 가고 있다.[136]

중남미 대부분의 국가에서 독재 정권이 축출된 뒤에도 일부 나라들은 아직까지 정부의 부패와 치안의 공동 상태에서 활개치는 범죄조직의 위협에 고통받고 있다. 국제 마약조직

---

135 〈멕시코 법원, '대학생 43명 실종사건' 관련 83명 체포영장〉, 〈경향신문〉 2022.8.21.

136 〈'8년 전 오늘' 멕시코 43명 실종 교대생 가족 "정의, 어디 있나"〉, 〈연합뉴스〉 2022.9.27.

의 주 활동 무대인 멕시코에서는 특히 이들에 의한 지역 주민들의 납치 및 집단살해 등이 끊이지 않는다. 그 누적 규모는 또 다른 형태의 제노사이드라 이름 붙일 만큼 크지만 실상은 제대로 알려져 있지 않다. 2022년 5월까지 공식적으로 집계된 건수만 10만 명이 넘는데도 말이다.[137] 우리가 기억해야 할 또 다른 데사파레시도스, 실종자들이다.

오월 광장의 행렬 가운데 멕시코 전통의 사자의 날 카니발 분장을 한 결연한 여성의 모습은 그 어느 구호보다 강력한 메시지로 다가왔다. 가슴이 저릿해지는 여성들의 국제적 연대 현장이었다.

독재 정권에 자신들만의 방법으로 용감하게 항거한 보통 여성들의 이야기는 이웃 나라 칠레에서도 찾아볼 수 있다. 이른바 '직조 시위'다. 피노체트 치하에서 일부 여성들은 아마포 부대에 자투리 천을 덧댄 칠레의 전통 태피스트리인 아르피예라에 잃어버린 자식, 과거의 좋았던 시절, 현 정부의 인권 유린과 반정부 시위 장면 등을 기워 넣는 방법으로 침묵의 시위를 벌였다. 국가와 교회가 부여한 전통적 여성 역할을 수행

137.

---

137   2022년 5월 17일 유엔인권최고대표사무소 성명 참조.

하는 이들을 군부도 마땅히 처벌할 방법이 없었다. 칠레에선 민중의 편이었던 가톨릭교회는 이들 여성들에게 작업장을 마련해 주고 재료를 공급하고 판로를 확보하며 지원했다.[138] 남자들이 총과 칼로 누더기로 만든 세상을 여자들이 실과 바늘로 기워 냈다. 이는 또한 상실의 고통을 치유하는 현명한 방법이었다.

'오월 광장의 어머니들'은 세월이 흘러 '오월 광장의 할머니들Las Abuelas de Plaza de Mayo'이 됐다. 그리고 그들의 싸움은 지금도 계속되고 있다. '오월 광장의 할머니회'는 이제 실종된 자식들과 함께 사라진 손주들, 임신한 채로 끌려간 딸이나 며느리가 수용소에서 낳은 손주들의 행방을 찾는 활동을 벌이고 있다. 손주를 찾는 사람들의 혈액 샘플을 미국 시애틀에 있는 혈액은행에 보관해 두고 제보를 받아 DNA 확인 작업을 거쳐 이들을 연결해 주는 것이다. 30년간 120명이 넘는 손주들이 원래의 가족을 만났다.[139] 그 과정에서 군부의 또

---

138 토머스 E. 스키드모어 외, 《현대 라틴아메리카》, 우석균 외 옮김, 그린비, 2014, 512쪽 참조.

139. 오월 광장의 할머니회 웹사이트에서 이 단체의 역사와 최근의 활동, 원래의 가족을 찾은 '잃어버린 아이들' 한 명 한 명의 사연까지 살펴볼 수 있다(영문판 제공).

다른 추악한 범죄가 만천하에 드러났다. 수용소에서 태어난 아기들을 바깥의 가족에게 알리지 않은 채 군부 장교나 관료 들의 호적에 몰래 올려 키우게 한 것이다. 아이를 낳은 산부들은 모두 죽이거나 죽도록 방치했다. 심지어 그렇게 태어난 아이들 중 일부는 자신의 부모를 죽음으로 몰고 간 바로 그 범죄자들의 손에 키워졌다. 풍족한 환경에서 부족함 없이 자란 아이들은 성인이 되어 자신이 부모라고 믿던 사람들이 실은 진짜 부모를 죽인 원수라는 사실을 알고 극도의 혼란과 고통을 겪는다.

"이 쿠데타는 우리 세대, 그러니까 오월 광장의 어머니 세대, 우리 아이들인 실종된 사람들 세대, 실종자들의 자녀인 손주들 세대, 그리고 이제 내 경우에는, 엄마를 잃은 채 살고 있는 증손자 세대까지 영향을 미치고 있는 거죠."[140] 오월 광장의 할머니회에서 활동 중인 델리아 히오바놀라 데 칼리파노의 말이다. 그는 아들과 며느리가 군부에 의해 납치된 뒤 홀로 키워 온 손녀 비르히니아가 성인이 된 후에 자신의 두 아이를 남기고 돌연 자살한 아픔을 겪었다. 수용소에서 태

---

140   수 로이드 로버츠, 앞의 책, 67쪽.

어난 델리아의 손자, 곧 비르히니아의 남동생을 함께 찾던 중이었다.

진실을 요구하는 목소리의 기한은 그 진실이 한 점의 의혹 없이 밝혀질 때까지, 어두운 과거사 청산의 완료 시점은 단 한 사람의 억울한 이도 남지 않을 때까지라는 것을 남미의 '실종자들' 가족들은 웅변하고 있다.

6장.
새기지 못한
비석

제주 4.3평화기념관과 북촌리 너븐숭이 유적지

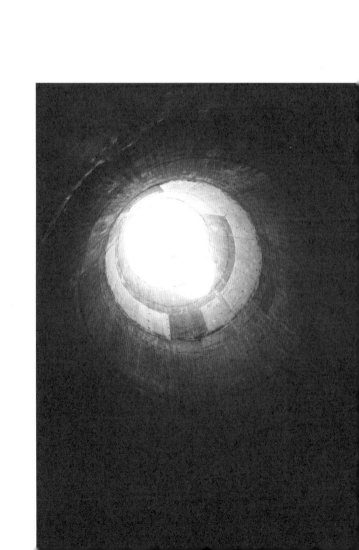

눈물 수없으로 눈물을 닦으시고
땀은 외장 뼈들싸 열었던 몸 녹이고 얼은 마음 플었던
자송 상마 울로 가 나비퍼나 한딩 형성

2016년 4월 3일 제주에는 아침나절부터 종일 비가 쏟아졌다. 하늘도 슬퍼 함께 울었다고 상투적으로 말하고 싶은 유혹을 떨치기 어렵게, 참 처연하게도 내렸다. 그날 아침 나는 조천의 한 호텔방에서 푹신한 침대에 기대앉아 텔레비전으로 제68주년 4.3 희생자 추념식을 보고 있었다. 2014년 당시 박근혜 대통령령에 따라 4.3이 국가기념일로 지정된 이후 열린 세 번째 추념식이었지만 정작 대통령은 앞선 두 해에 이어 참석하지 않았다. 그 자리를 대신한 황교안 국무총리를 비롯해 공무원과 정치인 들의 상생이니 화합이니 세계 평화의 길이니 하는 하나 마나 한 지루한 말잔치만 이어지고 있었다. 전형적인 관주도 기념식 풍경이었다. 하품을 하며 죄 흘려듣던 참이었는데, 식이 거의 끝나 갈 무렵, 내 귀를 사로잡은 것은 2015년 전국 청소년 4.3 문예 공모 대상작이라는 시의 낭독 순서였다. 대정여고 1학년 김다미 학생이 말간 이마를 드러내고 머리를 하나로 질끈 묶고 나와 나직한 목소리로 차분하게 읊어 내려간 그 시는 추념식의 어떤 순서보다도 이날의 의의와 분위기에 어울렸다.

　　작은 섬을 맴도는 죽음을

한라산은 아직 기억하고 있다.

작은 마을을 뒤흔든 총소리를

돌하르방은 아직 기억하고 있다.

어미 잃은 아이의 울음소리를

돌담은 아직 기억하고 있다.

집을 잃은 가족의 허탈함을

바다는 아직 기억하고 있다.

그날 사람과 사람의 사이에서

그날 강자와 약자의 사이에서

그날 오해와 진실의 사이에서

일어났었던 모든 일 하나하나를

제주도는 조용히 기억하고 있다.

김다미, 〈제주의 기억〉

제주 4.3평화기념관에서

추념식 당일에는 나 같은 개인 방문객이 낄 자리가 없을 테니, 그 전날에 평화기념관을 찾았다. 평화기념관은 뚜벅이 여행자들이 찾아가기에 매우 불편한 중산간지대[141]에 위치해 있다. 노는 땅이 많아 이렇게 넓은 부지를 확보하기에 유리했을 터이고 바로 이 자리가 학살터는 아닐지언정 4.3사건 와중에 가장 큰 피해를 입은 곳이 중산간지대라는 상징성도 더해졌겠지만, 방문객들이 찾기에 여간 애매한 위치가 아니라 좀 더 찾아가기 쉬운 곳에 지었더라면 어땠을까 하는 아쉬움이 남는다. 제주공항에서 셔틀버스라도 운행하면 한결 나을 것이다.

첫날 묵은 서귀포시에서 동일주버스를 타고, 다시 두 시간에 한 대 있는 조천행 버스로 갈아타고도 한참을 가 봉개동 시내에 내렸다. 거기서도 다시 한번 버스를 갈아타야 했다. 하지만 이 버스는 하루에 몇 대밖에 운행하지 않는 데다 시간을 제때 대지 못해 몇 시간이나 더 기다려야 했다. 걸어가기에도 망연한 거리여서 할 수 없이 근처의 마트에 들어가 물 한 병과

---

141 앞으로 계속 보게 될 이 단어는 제주 행정에서 해안과 한라산 사이의 중간, 해발 200~600미터 사이의 지역을 이른다. 일반적으로는 해안에서 5킬로미터 이상 떨어진 마을, 혹은 그 미만이더라도 해안의 일주도로변 마을보다 산 쪽에 가까우면 '중산간마을'이라고 한다.

간식을 좀 산 뒤에 지역 콜택시 번호를 여쭤보았다. 그렇게 택시를 부르고 또다시 한참을 기다린 뒤에야 택시를 타고 겨우 찾아갈 수 있었다. 오전 나절을 전부 이동하는 데만 쓴 터라 이미 진이 빠진 뒤였다.

까마귀 소리가 유난히 요란하다는 게 기념관의 첫인상이었다. 드문드문 벚꽃이 피어 있었지만 흐린 날씨에 바람도 제법 차서 주변의 휑한 풍경과 함께 을씨년스럽게 느껴질 정도였다. 썰렁할 정도로 방문객은 드물고 대신 내일 있을 추념식을 준비하는 직원들과 관계자들만이 안팎으로 분주했다. 온 관리 직원들이 나와 벤치와 바닥의 껌을 떼고, 돌아서면 다시 쌓이고 날리고를 반복하는 흙과 나뭇잎을 쓸어 내고 있었다. 추념식이 열릴 위패봉안소 앞 광장에서는 방송 카메라와 무대 설치가 한창이었다.

분주한 밖을 뒤로하고 전시실 입구에 들어섰을 때, 차분하게 이어지는 동굴 같은 터널을 보고 감탄했다. 제주 설문대할망[142]설화를 바탕으로 4.3을 담는 그릇을 형상화했다고 하지

---

142 제주의 옛 이름인 탐라를 만들었다고 하는 세상에서 가장 키가 크고 힘이 센 신.

만 아무리 봐도 비행접시 같다는 느낌을 지울 수 없는(이곳에 다녀온 다른 사람들의 감상도 크게 다르지 않은 것 같다) 기념관의 외관과 그저 무슨 관공서를 연상시키는 차갑고 매끈한 로비를 보고는 도무지 진지해지기 힘들었는데, 전시실 입구가 산란한 마음을 다잡기에 적절한 공간이라는 생각이 들었다. 마치 현재에서 과거로 가는 시간의 통로이자 이승의 사람과 저승의 사람을 연결해 주는 다리 같았다.

동굴을 지나 들어선 높다랗게 천창이 난 원형 공간에는 아무것도 쓰이지 않은 하얀 비석이 서 있는 대신 누워 있었다. 어떤 까닭이 있어 글을 새기지 못한 비석을 뜻하는 백비白碑. 안내판에는 "봉기, 항쟁, 폭동, 사태, 사건 등으로 다양하게 불려 온 제주 4.3은 아직까지도 올바른 역사적 이름을 얻지 못하고 있다. 분단의 시대를 넘어 남과 북이 하나가 되는 통일의 그날, 진정한 4.3의 이름을 새길 수 있으리라"고 적혀 있었다. 그 모습이 대단히 아름다우면서도 슬퍼서 절로 마음이 숙연해졌다.

전시 방식도 훌륭했다. 오랜 세월을 기다려 온 만큼 얼마나 고민하고 공들여 준비했는지가 눈에 보였다. 연대순으로 나뉜 각각의 전시실에는 연표, 설명, 당시 신문 기사, 문서, 영상 및 사진 등의 자료들이 일목요연하면서도 관람객들이 계속해서 흥미를 유지하게끔 다양한 방식으로 구성되어 있었다. 전시된 내용을 꼼꼼히 따라가기만 하면 600쪽에 가까운 〈제주 4.3사건 진상조사보고서〉의 핵심 내용을 대부분 훑을 수 있을 정도다. 한편으로 너무 정보 전달에만 치우치지 않도록 중간중간에 당시의 상황을 모티브로 한 예술작품들을 배치해 감정적으로도 흡인력을 높였다. 원형으로 된 홀의 윗부분을 빙 두른 강요배 화백의 대작 〈제주도민의 5.10〉이 특히 인상적이었다. 남한만의 단독정부 수립을 위한 단독선거 반대 운동을 펼치는 제주도민들과 무장대원들을 목가적인 배경으로 평화롭게 그린 이 그림에는 새로운 세상을 꿈꿨던 이들의 희망이 넘쳐흐른다. 전시실에서 맞닥뜨리게 되는 그 이후의 참극과 대비를 이루어 더욱 가슴 아픈 장면이다. 다양한 전시 방식은 한편으로는 유물이랄 게 거의 남아 있지 않은 사건을 재현하기 위한 고육지책이었을 것이다.

전시실의 출구 근처에는 이후의 지난한 진상 파악 과정 끝에 마침내 대한민국 국가원수로서 처음으로 학살의 책임을 인정하고 희생자들에게 사죄하는 노무현 대통령의 모습이 담긴 영상이 이어졌다. 반세기를 기다려 온 유족들을 위해 최대한 서둘러, 2003년 10월 31일 도민들이 모인 자리에서 이루어진 사과였다. "저는 위원회의 건의를 받아들여 국정을 책임지고 있는 대통령으로서 과거 국가권력의 잘못에 대해 유족과 도민 여러분께 진심으로 사과와 위로의 말씀을 드립니다. 무고하게 희생된 영령들을 추모하며 삼가 명복을 빕니다."[143] 이 두 문장을 듣기 위해 제주도민들은 50여 년을 기다려 왔다.

너무나 한국적인

내게 4.3사건은 일종의 마지막 보루 같은 것이었다. 무슨 말인가 하면, 그때까지 다녀온 세계의 제노사이드 현장 또는 기념관에서는 마음 한편으로 열심히 빠져나갈 구멍을 찾아 두었던 것이다. 아우슈비츠에서 나는 유대인도 집시도 심지어 유럽인조차도 아니었다. 사라예보와 모스타르에서 나는 이슬람교도도 가톨릭교도도 세르비아정교도도 아니었다. 킬링필드에서,

---

143   연설문 전문은 대한민국 정책브리핑 웹사이트에서 볼 수 있다.

앞서 언급했듯이 나와 비슷한 얼굴을 보고 가장 큰 위기를 맞긴 했지만, 역시나 나는 가난하고 모든 면에서 뒤처진 공산국가의 국민이 아니었다. 칠레와 아르헨티나에서 나는 또 한번 위기를 맞았지만, 그와 같은 엄혹한 군사독재 정권이 다시 들어서리라고 진심으로 생각하지 않았다. 그러나 제주는, 4.3사건은 그 어떤 핑계로도 벗어날 구멍이 없었다. 그것은 발단부터 전개 과정, 결말, 이후의 취급까지 너무나 한국적인 학살이었고, 언제든 미친바람을 타고 다시 돌아올 것 같은 참극이었다. 4.3평화기념관을 둘러보며 마주친 사람들의 모습은 이런 내 바닥없는 공포를 더욱 부채질했다.

결혼식이 끝나고 단체로 들른 듯한 어느 대가족은(많은 사람이 한복을 입고 있어서 그렇게 생각했다) 들어서자마자 왁자지껄 떠들어 대고, 사방팔방으로 뛰어다니는 아이들을 부르느라 고함을 지르며 전시실을 한바탕 휩쓸더니 20여 분 만에 올 때 그랬던 것처럼 휙 하고 사라졌다. 등산복을 입은 아주머니 두 분은 "그러니까 북쪽의 빨갱이들이 여기까지 내려와서 그 짓을 했단 말이지?"라고 국어 책이라도 읽듯 또박또박 큰소리로 말하며, 기념관의 그 모든 설명과 전시물을 무색하게 만들었다. 쓰인 글도, 듣는 귀도, 모국어가 여러모로 무안해지는 순간이었다. 모 단체 조끼를 입고 등에는 '박근혜 OUT' 구호가 인쇄된 천을 달고 온 거대한 무리도 여기저기서 어수선하고 시끄럽게 굴기는 매한가지였다. 심지어 비록 시신은 없을지라도 행방불명된 희생자의 위령비가 가득한 묘지를 배경으로 "여기가 명당"이라며 단체사진을 박고야 마는 천박한 근성 앞에서 나는 모든 기대를 내려놓고 말았다. 이는 일찍이 어떤 제노사이드 기념관에서도 본 적이 없는 괴이한 광경이었다.

아마도 이런 무례는 상당 부분 무지에서 비롯됐을 것이(라고 믿고 싶)다. 숨겨 온 세월이 내놓고 말해 온 세월보다 훨씬 더 길었으니. 1990년대 중반부터 2000년대 초반에 중고등학교를 다닌 나도 역사 시간에 4.3사건에 대해 자세히 배운 기억이 없는데, 하물며 오랫동안 4.3을 입에 올리는 것조차 금기시되어 온 시대에 교육을 받은 이전 세대 대다수는 더욱 아는 바가 적거나 왜곡된 정보로 기억하고 있을 것이다. 나 또한 이곳을 찾기 전까지 아우슈비츠나 킬링필드보다 4.3에 대한 지식이 더 적었다. 게다가 제주 4.3사건의 발단과 전개 과정은 해방 이후 혼란스러운 전환기 역사와 맞물려 있어 더욱 파악하기 어렵게 느껴진다. 일본으로부터 독립한 이후 나라의 장래를 두고 각기 다른 이상과 신념을 표방한 무수한 정당과 사회단체가 난립하면서, 지금 보면 좌우 구분조차 힘든 수수께끼 같은 줄임말의 단체 이름들과 용어들이 뒤섞여 4.3사건에 대한 이해를 가로막는 또 하나의 장애물로 작용하는 건 아닌가 싶다. '대체 무장대는 뭐고, 토벌대는 뭐며, 서청은 또 뭐야?' 처음 인터넷에서 4.3사건에 대해 찾아봤을 때 들었던 생각이다. 혹 예전의 나와 비슷한 혼란을 느낄지 모르는 이들을 위해, 부족하나마 내가 보고 읽은 것을 바탕으로, 제주 4.3사건 관련 현장을 따라가기에 앞서 여행자의 입장에서 알아 두면 좋을 배경 정보를 용어 위주로 정리해 보려고 한다. 다만 이 설명은 여기서 인용한 더 깊이 있는 1차, 2차 문헌과 현장 답사로 건너가는 물가의 가장 납작한 돌 정도로 이용해 주길 당부드린다. 복잡한 사건을 몇 줄 요약본으로 파악하려는 시도 자체가 왜곡과 오해를 낳을 수 있기 때문이다.

4.3사건을 이해하는 몇 가지 키워드

우선 2000년 제정된 제주4.3특별법은 제주 4.3사건에 대한 정의(제2조)를 "1947년 3월 1일을 기점으로 하여 1948년 4월 3일 발생한 소요 사태 및 1954년 9월 21일[한라산 금족

령이 해제된 때] 까지 제주도에서 발생한 무력 충돌과 진압 과정에서 주민들이 희생당한 사건을 말한다"고 규정하고 있다.[144]

첫 번째 키워드 '인민위원회'. 1945년 8월 15일 광복을 맞이한 뒤 9월 9일 미군이 서울에 입성해 조선총독으로부터 항복 문서에 서명을 받으며 미군정 시대가 시작되기까지 정국은 혼란기였다. 이 시기에 중도좌파 성향의 민족 지도자 여운형을 중심으로 조선건국준비위원회(약칭 '건준')가 설립되어 행정과 치안의 공백을 메우고자 했다. 건준은 각 지역에서 친일파를 제외한 명망 높은 유지와 지식인으로 채워졌으며, 처음에는 좌우익 사상을 막론하고 다양한 계급과 계층을 포괄했다. 9월 6일 건준이 조선인민공화국 수립을 선포하면서 전국 각지의 건준 조직들이 '인민위원회'라는 이름의 주민자치기구로 전환됐다.

중앙 행정과 가장 거리가 멀고, 일제강점기에 일본군 기지이자 최후의 보루로 전국에서도 가장 극심하게, 가장 마지막까지 인적·물적 자원을 수탈당했던 제주도의 경우 일본에 반

---

144   제주 4.3사건 진상조사보고서 작성기획단, 〈제주 4.3사건 진상조사보고서〉, 제주 4.3사건 진상규명 및 희생자 명예회복 위원회, 2003, 43~44쪽. 제주 4.3평화재단 웹사이트에서 보고서 전문을 다운받을 수 있다.

144.

감이 큰 만큼 조직적인 항일운동의 뿌리가 깊었고, 외세의 간섭 없는 완전한 자주독립과 분단 없는 통일정부 수립에 대한 열망 또한 드높았다. 여기에 생계를 위해 자발적으로 혹은 강제징용으로 일본의 경·중공업 분야에서 일하다 제주도로 귀환한 6만여 명 중에는 일본에서 부당한 차별을 겪으며 민족의식과 사회의식을 키운 이들이 많았다. 이들이 고향에 돌아와 가장 먼저 한 일이 인민위원회 같은 자치 활동과 야학을 포함한 학교 설립 등의 교육 운동이었다. 타도에 비해 제주도의 좌익 운동이 유독 활발했던 데는 이와 같은 배경이 존재했다. 미군정이 조선인민공화국의 존재를 인정하지 않으면서 전국의 인민위원회들이 자연히 와해되고 해산한 뒤에도, 항일 투쟁의 선봉에 섰던 지도층이 이끈 제주도 인민위원회는 가장 마지막까지 세력을 유지하며 도민들의 광범위한 지지를 얻었다. 우익단체들과도 격렬한 대립 없이 무난하게 도내 행정을 이끌고 있다는 평가를 받았고, 미군정 당국도 이들을 도내의 유일 정당이자 정부나 다를 바 없는 조직체로 인정했다.[145] 이들이 훗날 3.1시위와

---

145 〈제주 4.3사건 진상조사보고서〉, 72~73쪽; 박찬식,《4.3과 제주역사》(개정증보판), 각, 2018, 178쪽 참조.

4.3사건에서 주도적 역할을 담당하게 된다.

두 번째 키워드 '응원경찰'. 그러나 당시 소련을 견제하던 미국은 한반도가 공산화되는 것을 막기 위해 우익 세력에 힘을 실어 주었고, 초기 치안과 행정을 통제하는 과정에서 빠른 안정을 꾀하기 위해 기존에 일제에 부역하던 경찰과 관리 들이 그 직무를 거의 그대로 승계하도록 했다. 1946년 말 군정경찰 경위급 이상 간부 1,157명 중 82퍼센트인 949명이 일제경찰 출신일 정도였다.[146] 미군정은 부족한 인력과 언어 장벽 때문에 치안을 이러한 경찰조직에 크게 의존했으며, 제주도에 계속해서 본토 경찰 인력을 파견했다. 일제강점기에 제주도에서 항일 시위나 소요 사태가 발생할 시 육지에서 파견된 경찰을 '응원경찰'이라고 하는데, 이들이 4.3사건 당시 토벌대(진압대)의 큰 축을 이루며 여러 문제를 낳았다. 1948년 7월에 이르러서는 제주 경찰력의 75퍼센트가 타도에서 온 응원경찰이었다.[147]

세 번째 키워드 '남로당'. 미군정 시대에 좌우익을 가리지

---

146 〈제주 4.3사건 진상조사보고서〉, 86쪽.

147 위의 글, 87쪽.

않고 난립한 수많은 정당 가운데 박헌영, 여운형, 백남운 등이 주도하던 조선공산당, 조선인민당, 남조선신민당 등 세 좌파 정당이 대중 정당 설립의 필요성에 공감하며 통합해 1946년 11월 23일 남조선노동당(약칭 '남로당')이 결성됐다. 남로당은 원래 미군정청에 등록된 합법 정당이었다.[148] 제주도 인민위원회는 대외적으로 여전히 인민위원회의 이름으로 활동하긴 했지만 자연스레 남로당 제주도당으로 흡수됐다. 한편으로 1946년 제주도에는 콜레라가 창궐해 사망자가 속출하고 외부로부터 물자 보급이 원활하지 않은 데다 보리를 비롯한 작물의 대흉작이 겹쳐 식량난이 가중됐다. 그 와중에 미군정이 일제가 행하던 쌀 공출제도를 부활시켜 도민들의 고통과 군정을 향한 반감이 날로 더해 갔다. 남로당 제주도당은 그러한 민심을 집중시키고 폭발시킬 시위를 조직했다.

바로 네 번째 키워드인 '3.1시위'. 4.3사건과 관련해 우리가 기억하는 날짜는 1948년 4월 3일이지만, 실은 제주도의 운명을 바꿔 놓은 1947년 3월 1일을 이 비극의 시작일로 보

---

148   위의 글, 94쪽.

는 게 맞을 것이다. 학살의 발단이 남로당의 무장봉기임을 강조하는 '4.3사건'이라는 명칭은 제주도민들의 본격적인 저항이 경찰의 발포로 무고한 도민 여섯 명이 사망한 3.1발포사건에서 비롯됐음을, 즉 학살의 발단에 대한 책임 또한 미군정에 있음을 가리려는 전략으로 느껴진다.[149] 이날 오전 11시 제주북국민학교(현 제주북초등학교)에서 열린 '제28주년 3.1기념 제주도대회'에 모인 대략 25,000~30,000명[150]에 달하는 군중은 기념행사를 마치고 허가받지 않은 가두시위를 시작했다. 미군정청과 경찰서가 있는 관덕정 광장을 거쳐 서쪽으로 행렬이 빠져나갈 무렵인 2시 45분경, 관덕정 광장에서 기마경찰이 탄 말에 한 어린이가 채어 소란이 일었다. 기마경찰이 말굽에 챈 아이를 보았는지 못 보았는지 그냥 지나가려고 하자 주변 군중이 야유하며 항의했다. 일부는 돌멩이를 던지며 기마경찰을 쫓아 경찰서 쪽으로 향했다. 그 순간 무장한 응원경찰들이 군중을 향해 발포했고, 제주북국민학교 재학생인 15세 허두용 군과 젖먹이를 안고 있

---

149 제주 4.3사건의 명칭과 기점에 관한 쟁점은 박찬식, 앞의 책, 712~713, 718쪽을 참고하라.

150 〈제주 4.3사건 진상조사보고서〉, 107쪽.

던 21세 여성 박재옥 씨를 포함해 도민 여섯 명이 죽고 여섯 명이 중상을 입었다. 희생된 이들은 경찰서에서 멀리 떨어진 노상에서 쓰러진 채 발견됐고, 여섯 명 중 다섯 명이 '등 뒤'에 총탄을 맞았다. 3.1발포사건 직후에 사표를 제출한 박경훈 도지사도 "발포사건이 일어난 것은 시위 행렬이 경찰서 앞을 지난 다음이었던 것과 총탄의 피해자는 시위 군중이 아니고 관람 군중이었던 것은 사실"이라고 밝혔다.[151]

다섯 번째 키워드 '3.10총파업'. 타도에서 온 응원경찰의 과잉진압은 도민들의 공분을 불러일으켰다. 급기야 3월 10일 경찰의 발포와 그 이후의 안일한 대응에 항의하는 의미로 한국에서는 유례가 없었던 민관 총파업이 시작됐다. 좌우익을 가리지 않고 일반 공무원과 회사원, 농민과 직공, 교사와 학생 등 166개 기관 단체 41,211명이 참여한 대규모 파업이었으며, 더불어 제주 출신 경찰의 약 20퍼센트도 파업에 참가해 후에 66명이 이 일로 파면을 당했다.[152] 하지만 미군정은 이 파업에 좌우익이 공히 참여하고 있다는 사실을

---

151 위의 글, 111쪽.
152 위의 글, 116쪽.

인정하면서도,[153] 파업을 조직한 핵심 세력인 남로당을 표적으로 삼아 그때까지 유보적이거나 일정 부분 우호적이었던 태도를 완전히 바꾼다. 3.1발포사건의 진상을 밝히고 관련자를 처벌하라는 요구를 들어주는 대신, 좌익 세력을 척결하는 쪽으로 기울었던 것이다.

여섯 번째 키워드 '레드 아일랜드'. 본격적으로 제주도를 '빨갱이'들이 국가 전복을 꾀하는 '붉은 섬'으로 낙인찍는 작업이 시작됐다. 3월 14일 사태 수습을 위해 제주도에 온 조병옥 경무부장(오늘날의 경찰총장)은 도청 직원들을 상대로 "제주도 사람들은 사상적으로 불온하다"면서 "건국에 저해가 된다면 싹 쓸어버릴 수도 있다"는 연설을 했다. 최경진 경무부 차장은 기자들에게 "원래 제주도는 주민의 90퍼센트가 좌익 색채를 가지고 있다"고 했다.[154] 특히 미군정 보고서에도 여러 차례 극우파로 언급된 유해진이 제주도지사로 발령되고 미군정에서 극우단체로 분류한 이북 출신의 극렬 반공 집단인 서북청년회(약칭 '서청') 단원들이 제주로 들어오

153 위의 글, 120쪽.
154 위의 글, 122쪽.

면서 상황은 더욱 심각해졌다. 시위 및 파업 관련자들에 대한 응원경찰의 검거 선풍이 불어닥쳤다. 서북청년회 등은 좌익 인사들에 대해 백색테러를 일삼았다. 정권에 반하는 목소리를 내는 사람들을 닥치는 대로 빨갱이로 몰아 잡아들이고 고문해 온 유구한 역사가 이때 제주에서부터 시작된 것이다.

일곱 번째 키워드 '5.10 단독선거 반대 운동'. 흉흉한 분위기 가운데 해를 넘긴 1948년, 미국이 남한만의 단독정부 수립을 위한 선거 계획을 구체화하고 있다는 사실이 알려지면서 많은 정당과 단체에서 잇따라 반대 성명을 발표하며 격렬하게 항의했다. 경찰 및 극우단체의 폭력에 대한 항의, 단선(단독선거) 및 단정(단독정부) 반대, 미군정에 대한 저항을 기치로 내걸고 남로당 제주도당이 주도한 일련의 투쟁은 4.3무장봉기로까지 이어졌다. 1948년 4월 3일 새벽 2시를 전후해 한라산 중허리의 오름마다 타오른 붉은 봉화가 그 신호탄이었다. 남로당 무장대 약 350명의 주 공격 대상은 각 경찰지서와 극우단체 주요 인사들이었다. 5.10 남한 단독선거 거부 투쟁의 일환으로 무장대는 선거 며칠 전부터 주민들을 산으로 올려 보내거나, 선거 당일 투표소를 습격하는 등 선거 진행을 방해했다. 결국 5월 10일 전국에서 유일하게 제주도 2개 선거구에서만 투표가 무산됐고, 이는 산에 숨어서 게릴라전을 펼치는 무장대에 대한 대대적인 진압 작전이 펼쳐지는 결정적 계기가 됐다.

4.3사건의 발단을 설명하는 데 많은 분량을 할애한 것은, 내가 4.3평화기념관에서 들은 아주머니들의 말처럼 사람들의 오해가 대부분 발단 지점에서 비롯되는 것 같다고 느꼈기 때문이다. 나 또한 4.3에 대해 공부하기 전 가장 혼란스러웠던 부분이다. 이제는 적어도 내놓고 미군정과 이후 들어선 대한민국 정부의 군경에 의한 민간인 학살 자체를 부정하는 사람은 많지 않지만, 희생자들이 원래부터 '빨갱이'거나 '빨갱이 동조자'여서, 곧 국가에 위협이 되는 세력이어서 그럴 수밖에 없었다는 시각이 여전히 존재한다. 하지만 앞서 살펴보았듯 조사를 통해 밝혀진 진상을 요약하자면 이렇다. (1) 제주도에서 좌익 운동이 활발했던 것은 맞지만 제주도민 모두가 당원이나 정치 세력은 아니며 제주도의 좌익 운동에는 일제로부터 유난히 혹독한 수탈을 입은 제주의 역사라는 요인이 작용했다, (2) 미군정에 대한 반감 역시 친일

경찰·관리의 승계와 콜레라 창궐, 흉작에도 계속된 곡식 공출 그리고 직접적으로 육지 경찰들에 의한 3.1발포사건에서 기인했다,[155] (3) 4.3무장봉기에 대해 남로당 중앙당의 지령은 없었으며 제주도당이 자체적으로 결정한 일이었다.[156]

하지만 〈제주 4.3사건 진상조사보고서〉에서 엄청난 분량을 할애해 제주도에 칠해진 붉은색을 애써 지워 내려는 노력이 어쩔 수 없이 간과하는 진실도 있다. 사람들의 마음속에 두려움과 함께 뿌리내린 오랜 반공 이데올로기 때문이겠지만, 이제는 이 학살을 인권 유린과 제노사이드라는 더 큰 측면에서 바라봐야 할 시대고 우리는 그렇게 할 수 있을 만큼 성숙했다고 믿는다. 곧, 만에 하나 학살된 민간인 모두가 '빨갱이'였다고 해도 그들 역시 같은 나라의 국민이자 무엇보다 같은 인간이었으며, 어떤 적법한 절차 없이 무참하게 살해당해서는 안 됐다는 당연하고도 자명한 진실 말이다. 학살에는 어떠한 정당성도 없다. 4.3 당시 희생된 사람들을 남로당 무장대나 그 조력자로 보았던 시선, 혹은 이념이나

155   제주도의 좌익 세력이 강했던 요인과 특유의 자치 지향적 공동체성에 대한 지적은 박찬식, 앞의 책, 221~229쪽을 참고하라.

156   〈제주 4.3사건 진상조사보고서〉, 163~165쪽.

사상에 완전히 무지하고 그저 역사의 파도에 휩쓸린 '순수한' 양민으로 보는 시선 둘 다 진실을 한쪽으로 호도하고 피해자들을 모욕하는 것이다. 그들 모두가 지금의 우리와 마찬가지로 사람 수만큼 다른 배경과 신념을 가진 '개인'들이었다는 것을 기억할 필요가 있다.[157]

초토화 작전과 잃어버린 마을들

1948년 11월 중순, 대규모의 강경 진압 작전이 전개됐다. 이때부터 1949년 3월까지 약 4개월간 토벌대(진압군과 경찰, 서청 등의 극우단체)는 중산간마을에 불을 지르고 주민들을 집단으로 살상했다. 4.3사건의 전개 과정에서 가장 참혹한 기간이었다. 이 기간 동안 가장 많은 제주도민이 희생됐고 대부분의 중산간마을이 글자 그대로 '초토화'됐다. 공교롭게도 유엔총회에서 '제노사이드 범죄 방지와 처벌에 관한 협약'이 채택된 1948년 12월 9일을 전후해, 제주에서는 죽창으로 산 사

---

157 흑백논리를 넘어서고자 하는 이러한 견해는 박찬식, 앞의 책의 결론 〈제주 4.3의 역사적 의미〉(731~739쪽)에 빚졌다.

람을 꿰뚫고 사람을 산 채로 불태우는 등 상상을 뛰어넘는 잔혹행위들이 본격적으로 자행되고 있었다. 시작은 10월 17일 제주 주둔 제9연대장 송요찬 소령이 발표한 포고문이었다.

군은 한라산 일대에 잠복하여 천인공노할 만행을 감행하는 매국 극렬분자를 소탕하기 위하여 10월 20일 이후 군 행동 종료기간 중 전도 해안선부터 5킬로미터 이외의 지점 및 산악지대의 무허가 통행금지를 포고함. 만일 차此 포고에 위반하는 자에 대하여서는 그 이유여하를 불구하고 폭도배로 인정하여 총살에 처할 것임. 단 특수한 용무로 산악지대 통행을 필요로 하는 자는 그 청원에 의하여 군 발행 특별통행증을 교부하여 그 안전을 보증함.[158]

1948년 11월 무렵은 남북에 각각 단독정부가 들어선 뒤 분단이 고착화되던 시기였고, 남한에서는 이승만 대통령의 반대에도 불구하고 국회에서 반민족행위처벌법이 통과되고 논

---

158 〈제주 4.3사건 진상조사보고서〉, 264쪽.

란 끝에 국가보안법이 제정되는 등 국내 정치세력 간의 대립이 격화되어 극도로 혼란스러운 시기였다. 국제적으로는 미국과 소련 간의 냉전이 심화되고, 한국에 주둔 중이던 미군의 일부가 철수하기 시작했다. 이런 상황에서 이승만 정권은 출범부터 큰 위기를 맞을 수밖에 없었다. 이때 꺼내 든 카드가 '반공'이었다. 정권에 반대하는 세력을 국가를 전복하려 북한에 동조하는 공산주의 세력으로 몰아 처리하는 것이다. 전국에서 유일하게 총선거가 무산된 제주도는 가장 좋은 본보기였던 셈이다. 이는 소련과 헤게모니 싸움을 벌이고 있던 미군정과도 이해를 같이하는 길이었다. 이에 제주도에 대규모 육지 응원경찰이 파견되고, 제주도 경비사령부가 설치되어 군 병력이 증강되고, 서북청년회 같은 극렬 우익단체 역시 증원 파견됐다. 이들로 이루어진 토벌대 내에서 제주 출신들은 철저히 배제됐다. 이로써 중산간마을 소개疏開 및 초토화가 시작됐다. 하지만 상상해 보시기를. 이 "해안선부터 5킬로미터 이외의 지점"은 해안마을을 제외한 제주도 전체를 의미했다. 어느 날 갑자기 닥친 포고령 하나에 삶의 터전을 버리고 떠나기란 어려운 일이고, 게다가 지금처럼 휴대폰으로 재난안내문자를 받을 수 있는 것도 아니었으니 이 포고령이 중산간 곳곳에 흩어진 부락 사람 모두에게 닿는 것은 불가능했을 것이다. 그렇게 마을에 남아 있던 수많은 민간인이 학살당했다.

2000년 김대중 정권 당시 정부 차원에서 진행한 대대적인 진상조사에서 신고된 희생자 14,028명의 가해자별 통계를 보면 우리 정부의 군경과 서북청년회 등의 우익단체 및 미군으로 이루어진 토벌대가 78.1퍼센트(10,955명), 남로당원과 일부 동조자로 이루어진 무장대가 12.6퍼센트(1,764명), 공란 9퍼센트(1,266명) 등으로 나타났다. 가해자를 특정하지 않은 공란을 제외하고 토벌대 대 무장대의 비율로만 산출하면 86.1퍼센트와 13.9퍼센트로 대비된다. 이 통계는 토벌대에 의해 80퍼센트 이상의 사망자가 발생했다는 미군 보고서와 같은 맥락이다. 특히 10세 이하 어린이(5.8퍼센트, 814명)와 61세 이상 노인(6.1퍼센트, 860명)이 전체 희생자의 11.9퍼센트를 차지하고, 여성의 희생(21.3퍼센트, 2,985명) 또한 적지 않았다는 점에서 토벌대에 의해 남녀노소를 가리지 않는 민간인 학살이 이루어졌음을 알 수 있다. 아직도 미신고·미확인 희생자가 많기 때문에, '제주 4.3사건 진상규명 및 희생자 명예회복 위원회'는 여러 자료와 인구 변동 통계 등을 감안, 잠정적으로 4.3사건으로 인한 인명 피해를 25,000~30,000명 선으로 추정했다. 이는 1950년 4월 김용하 제주도지사가 밝힌 27,719명 등을 감안한 것이었다. 당시 제주 인구의 10분의 1에 해당하는 숫자다.

중산간지대 토벌 과정에서 95퍼센트에 달하는 마을이 불에 타 통째로 없어졌다.[159] 그중 한 곳의 흔적을 우연히 맞닥뜨린 적이 있다. 2012년, 다니던 회사를 그만두고 열흘 동안 해안 일주버스와 도보를 이용해 제주 동서남북을 여행할 때였다. 그때만 해도 4.3사건에 대해서는 의식조차 못 하고 있었다. 이미 한참 전에 아우슈비츠와 보스니아 등을 여행했는데도 말이다. 제주도 서쪽, 이름만큼 아름다운 작은 마을 종달리에서 한 게스트하우스에 묵었는데, 그곳에서 운영하는 오름 투어 프로그램에 참가해 용눈이오름과 다랑쉬오름을 오를 기회가 있었다. 새파란 하늘, 따스한 햇살, 청량한 공기. 눈부시게 아름다운 가을 아침이었다. 방목하는 소들이 여기저기 싸 놓은 똥을 피해 거친 숨을 몰아쉬며 용눈이오름에 먼저 올라 사방으로 펼쳐진 아름다운 풍광을 눈에 담았다. 그러고 다랑쉬오름으로 가는 길에, 한쪽에 덩그러니 세워진 표석이 눈

---

159 위의 글, 536~537쪽 참조.

에 들어왔다. "잃어버린 마을—다랑쉬. 여기는 1948년 11월 경 4.3사건으로 마을이 전소되어 잃어버린 북제주군 구좌읍 다랑쉬 마을터다"로 시작해 "다시는 이 땅에 4.3사건과 같은 비극이 재발하지 않기를 간절히 바라며 이 표석을 세운다"로 끝나는 제주도지사 명의의 표석이었다. 지금은 초목만 무성한 이 주위에서 밭벼, 피, 메밀, 조 등을 일구거나 말과 소를 키우며 10여 가구 40여 명의 주민이 살았다고 한다. 다행히 소개 명령에 따라 마을을 떠나 인명 피해는 없었지만, 다랑쉬 마을 주민들은 한순간에 삶의 터전을 통째로 빼앗기는 아픔을 겪어야 했다.[160]

살아남은 사람들은 소개령 해제 이후에도 수많은 이웃과 가족이 학살되고 완전히 파괴된 마을로 돌아갈 엄두를 내지 못한 채 타지에서 생을 이어 갈 수밖에 없었다. '잃어버린 마을'은 4.3사건 때 집중적인 피해를 입은 마을들 가운데 일부로, 주민들이 돌아와 마을을 복원하지 못해 버려지거나 단순 농경지

---

160 다랑쉬 마을의 비극에 대한 더 자세한 내용은 《잃어버린 마을을 찾아서》(제주4.3사건 제50주년 학술문화사업추진위원회 편, 학민사, 1998) 279~316쪽 〈다랑쉬 마을—뜨내기들의 삶터〉를 참고하라.

로 바뀌면서 더 이상 존재하지 않고 사라진 경우를 말한다.[161] 2001~2002년 제주 4.3사건 실무위원회의 조사 결과 잃어버린 마을의 수는 총 84곳에 달했으며, 그곳에 살던 주민 수는 8,360명, 희생자 수는 966명에 이르렀다. 그중 내가 지나친 다랑쉬 마을터를 포함해 제주시 오라동 어우늘과 노형동 드르구릉, 조천읍 와흘리 궤뜨르, 안덕면 동광리 무등이왓 등의 사라진 마을터에 이 같은 사실을 알리는 표석이 설치됐다.[162] 이러한 강제이주 역시 4.3사건이 제노사이드임을 보여 주는 증거다.

북촌 너븐숭이 유적지에서

4월 3일 당일에는 아침에 추념식을 보고 길을 나서 단일 사건으로 4.3 최대의 인명 피해를 낸 북촌리 학살사건 유적지에 다녀왔다. 호텔을 나설 때만 해도 가는 부슬비만 흩날리는 정도라 '비 좀 맞지 뭐' 하고 우산도 없이 나섰다가 버스에서

---

161   위의 책, 9쪽.

162   〈제주 4.3사건 진상조사보고서〉, 517~524쪽 참조.

내리자마자 쏟아지는 빗줄기에 속수무책으로 흠뻑 젖었다. 마땅히 우산을 살 곳도 없어서 주룩주룩 내리는 비를 그대로 맞으며 노란 꽃이 흐드러지게 피어 있는 유채밭과 당시 학살의 현장이었던 북촌초등학교를 지나 기념관으로 들어갔다.

북촌리 학살사건은 1949년 1월 17일 해안마을인 조천면 북촌리에서 군인 두 명이 무장대의 습격으로 사망하자, 군인들이 들이닥쳐 마을 전체를 불태우고 애먼 주민들을 남녀노소 가리지 않고 이틀간 400명 가까이 사살한 사건이다. 이날 아침, 세화 주둔 제2연대 3대대의 중대 일부 병력이 대대 본부가 있던 함덕으로 가던 도중에 북촌마을 어귀 고갯길에서 무장대의 기습을 받아 군인 두 명이 숨졌다. 당황한 마을 원로들이 논의를 거쳐 군인 시신을 들것에 담아 대대 본부로 찾아갔지만 흥분한 군인들에 의해 경찰 가족 한 명을 제외하고 전부 살해당했다. 이어서 오전 11시 무렵 약 2개 소대 병력이 북촌마을에 들이닥쳤다. 무장한 군인들이 마을을 포위하고 집집마다 총부리를 겨누며 남녀노소, 병약자 할 것 없이 전부 북촌국민학교 운동장으로 내몬 뒤 온 마을을 불태웠다. 400여 채의 가옥이 잿더미로 변했다. 군인들은 우선 군경 가족을 분리한 뒤 빨갱이를 색출하겠다며

난리를 피웠지만 여의치 않자 닥치는 대로 한 번에 몇십 명씩 끌고 나가 학교 인근 밭에서 사살하기 시작했다. 이 학살은 오후 5시께 대대장의 중지 명령이 내려질 때까지 계속됐다. 마을 주민들의 증언에 따르면 이날 희생된 주민들은 대략 300명에 이른다. 한편 대대장은 살아남은 주민들에게 다음 날 함덕으로 오라는 지시를 내렸다. 다음 날, 주민 일부는 산으로 피신하고 일부는 함덕으로 향했다. 그리고 대대장의 말대로 함덕으로 갔던 주민들 가운데 100명 가까이가 또다시 '빨갱이 가족'으로 몰려 사살당했다. 당시 경찰로서 대대장 차량 운전수로 차출됐던 김병석 씨의 증언은 더욱 충격적이다. 이미 집들을 다 불태워 버린 상태라 주민들을 수용할 대책이 없어 죽였으며, 군인 개개인에게 총살의 경험을 주기 위해 박격포 대신 총을 사용했다는 것이다.[163]

작은 기념관 안에서 친절한 해설사분의 설명을 듣고 있는데, 입구 주위가 갑자기 소란스러워졌다. 검은 양복을 차려입은 한 무리의 중년 남자들이 우르르 들어오더니 사진 촬영을 한바탕하고 전시관을 둘러보기 시작했다. 한 사람을 중심

---

163   위의 글, 413~415쪽 참조.

으로 의전이 이루어지는 것으로 보아 가운데 있는 사람이 무슨 의원이나 고위 공무원쯤 되는 모양이었다. 영 어색해서 서둘러 자리를 피해 바깥으로 나왔다. 그러고는 당시에 살해당한 아기들이 같이 묻힌 조그만 돌무덤 앞에 섰다. 비는 그칠 줄 모르고 여전히 줄기차게 내리고 있었다. 그 가슴 미어지는 모습을 보는 날씨로는 이편이 더 나았다. 눈부시게 파란 하늘 아래 보았다면, 너무 비현실적으로 느껴졌을 것이다.

북촌리 사건을 바탕으로 한 현기영의 소설 〈순이 삼촌[164]〉 문학비가 애기 무덤과 가까운 도로변에 자리하고 있다. 이 문학비 역시 4.3평화기념관에서 본 백비처럼 누워 있었는데, 하나가 아니라 여러 개가 어지럽게 겹쳐져 널려 있는 모양새다. 시체 위에 시체가 쌓였다는 그날의 학살 현장을 연상케 했다. 비碑 위로 비가 하염없이 흘러내렸다. 각 비석에는 〈순이 삼촌〉의 구절들이 새겨져 있다. 순이 삼촌은 북촌리 사건 때 두 아이를 잃고 혼자 살아남았으나, 30년 세월이 흐른 어느 날 돌연 자살한다.

---

164 남녀를 가리지 않고 '연장자'를 부르는 제주 방언. 실제 발음은 '삼춘'에 가깝다.

그러나 오누이가 묻혀 있는 그 옴팡밭은 당신의 숙명이었다. 깊은 소沼 물귀신에게 채여 가듯 당신은 머리끄덩이를 잡혀 다시 그 밭으로 끌리어갔다. 그렇다. 그 죽음은 한 달 전의 죽음이 아니라 이미 30년 전의 해묵은 죽음이었다. 당신은 그때 이미 죽은 사람이었다. 다만 30년 전 그 옴팡밭에서 구구식 총구에서 나간 총알이 30년의 우여곡절한 유예를 보내고 오늘에야 당신의 가슴 한복판을 꿰뚫었을 뿐이었다.[165]

순이 삼촌과 같은 당시 생존자들 중 일부는 침묵을 강요당한 엄혹한 세월을 견뎌 내고 역사의 증언자가 됐다. 1934년생으로 학살 당시 열다섯 살 소녀였던 이승례 삼촌도 그중 한 명이다.

아기를 안은 아주머니가 죽었어. 그 아주머니는 임신한 몸으로 아기를 안고 앉아 있었어. 아주머니가 운동장에서 죽으니까 그 위에 아기가 매달려 젖을 빠는 걸 우리

165   현기영, 〈순이 삼촌〉, 《순이 삼촌》, 창비, 2015.(전자책)

가 봤어. 그때는 홑적삼을 입을 때였거든. 아주머니 옷
이 들려지면서 가슴이 나오니까 아기가 죽은 어머니
젖을 먹는 걸 사람들이 봤어. (……) 나는 총소리만 나
면 무서워서 고개를 숙이고 숨어 버려 사람 죽이는 장
면은 못 봤어. 나중에 고개를 들고 보면 사람이 죽어 있
고, 죽어 있고 하는 거야. 놀랄 정도가 아니야. 눈은 싸
락눈처럼 흩날리는데 운동장은 그야말로 난장판이었
어.[166]

이승례 삼촌은 군인들에게 끌려갈 차례가 다가오기 직전
대대장[167]의 사격 중지 명령이 떨어지며 구사일생으로 목숨
을 건졌다. 하지만 함덕으로 간 아버지가 19일에, 그날 초등
학교에서 총을 맞고도 살아남은 할아버지가 끝내 22일에 돌
아가셨다. 심지어 대대장의 명령대로 함덕으로 간 작은어머
니와 7개월 된 조카마저 25일에 총살당했다. "그 어린 게 무

---

166 제주4.3연구소 편, 《4.3과 여성, 그 살아낸 날들의 기록》, 각,
    2019, 195쪽.
167 증언에서는 '연대장'으로 되어 있다.

슨 죄가 있어?"[168]

"할머니도 해녀였고, 어머니도 해녀"였던 이승례 삼촌도 어렸을 때부터 여든넷 되던 2017년까지 평생을 해녀로 살아왔다. 해녀들이 물질을 하고 모여 쉬며 불을 쬐는 불턱에서도 그날의 사건은 꺼내기 어려운 주제였다. "서로가 다 같은 일을 당했고, 슬픈 일인데 말해서 뭣 해. 불 쬐면서 채취한 미역이나 소라를 구워 먼저 먹으려고 장난했던 적도 있고, 그냥 집에서 있었던 이야기나 우스갯소리 했어."[169]

북촌리에서 살해당한, 지금까지 밝혀진 모든 이름을 전날 4.3평화기념관 각명비에서 마주했었다. 위령탑을 가운데 두고 거대한 원을 그리며 늘어선 각명비에는 제주읍, 서귀면, 중문면, 한림면, 한경면, 애월면, 구좌면, 조천면, 대정면, 남원면, 성산면, 안덕면, 표선면, 그러니까 제주의 모든 지역에서 학살당한 사람들의 이름이 마을별로 하나하나 새겨져 있었다. 그 이름을 전부 읽기는 힘든 일이고, 읽는다고 기억할

168 위의 책, 200쪽.
169 위의 책, 212쪽.

수도 없지만, 나는 최대한 오래 머물며 눈으로라도 그 이름들을 모두 훑었다. 그제야 내가 지금까지 해 온 다크투어는 기실 잊힌 이름들을 부르고 잊힌 얼굴들을 마주 보기 위한 여정이었음을, 익명과 숫자와 망각에 맞서 그 뒤로 사라져 가는 수많은 개인들을 기억하기 위한 일이었음을 나는 깨달았다.

기념관의 전시실 2층에서 세계의 제노사이드를 모아 소개하는 작은 전시를 보며 그간의 내 여행이 이곳 "한라산 거친 오름 기슭 4.3으로 희생된 영령들이 좌정하신 곳"[170]에서 비로소 하나로 연결되는 듯했다. 아우슈비츠와 보스니아, 캄보디아, 칠레와 아르헨티나. 10년이 걸려 지구를 한 바퀴 돌아서야 비로소 내가 사는 이 땅의 아픔을 마주한 것이다. 모든 학살의 아픔은 그렇게 연결되어 있었고, 그렇게 내 여행은 뫼비우스의 띠처럼 이 책의 첫 장 아르메니아로 이어진다.

여기는 한라산 거친오름 기슭
4.3으로 희생된 영령들이 좌정하신 곳.

---

170 4.3평화기념관 위패봉안소의 추모비 '제주 4.3사건 희생자 예위'
에서 인용.

인류의 염원코 평화와 상생의 기운을

한데 모아 진혼의 불을 지폈으니

그 불꽃은 언 가슴을 녹이고

닫힌 마음을 활짝 열리라

자애로운 숨결은 훈풍으로 흐르고

용서와 화해의 꽃은 영원하리니

여기는 평화의 정토

세계 평화가 이로부터 발원하리라.

제주 4.3사건 희생자 예위

이곳은 제주4·3의 최대 희생지인 북촌리민 대참사(大慘死)의 현장이나 지나가던 군인차가 무장대의 기습
1949년 음력 1월 17일 새벽 병력들이 고갯길에서 지나가던 군인차가 무장대의 기습
으로 군인 2명이 희생되자 그 보복(報復)으로 대참사가 시작되었다
군인들이 집에 불을 질르고 마을사람들을 이곳으로 집합시켜 놓고 군경가족과 민보단
주를 제외한 전주민들을 밖에도 가리지 않고 무차별 사격으로 수백명이 희생되었다.
마당은 아비규환(阿鼻叫喚)이 되었고 4·5일동안 불탄밭으로 끌고나가
사살(射殺)했으니 300여명의 아까운 목숨이 한순간에 소실(燒失)되고
가옥이 불타버린 참사였다 이 처참한 4·3 때 주민들, 함박이굴소개(疏開)되지
7년간인 1949년 1월 10일에 폐교 되었다.
어 모진 고생을 하며 5개월만에 북구(北區) 명월리 부근(섣게라마을)을 이루고
빈터 분교(分教場)를 개설하니 2년9개월만에 다시라도(私立)
증산하였던 당시 새학생수 216명으로 폐교주 53년만에 배움터(私宅)를
이제 4·3 50주년이 개정되어 진상이 초면되어 밝혀져 새시대의 산
고유상의 거듭났것이나 오늘날 북촌초등학교 그 분의 참상을 말끔히 씻고 후학(後
봉양업의 산실(産室)로 우뚝서서 70년의 새 역사를 열어 가고있다

참고 문헌

* 모든 온라인 소스의 최종 접속일은 2023년 4월 30일이다.
* 위키피디아의 경우 가능한 원 출처로 이중 확인을 거쳤다.

들어가며. 다크투어리즘이란

출판물

· 허버트 허시, 《제노사이드와 기억의 정치》, 강성현 옮김, 책세상, 2009
· Richard Sharpley and Philip R. Stone eds., *The Darker Side of Travel*, Channel View Publications, 2009(전자책)
· Morag M. Kersel, "Editorial Introduction", *Journal of Field Archaeology*, vol.39, no.3, 2014
· John Lennon and Malcolm Foley, *Dark Tourism*, Continuum, 2000

온라인 자료

· 센트럴랭커셔 대학 다크투어리즘 조사 연구소(IDTR) 웹사이트에서 몇몇 논문의 전문을 다운받을 수 있다. www.uclan.ac.uk/research/explore/groups/institute_for_dark_tourism_research.php
· 제노사이드 협약 www.preventgenocide.org/kr/1948.htm
· 영문 위키피디아 '다크투어리즘' 항목 en.wikipedia.org/wiki/Dark_tourism

1장. 누가 아르메니아를 기억하는가

출판물

- 니콜라이 호바니시안, 《아르메니아인 제노사이드》, 이현숙 옮김, 한국학술정보, 2011
- 로버트 베번, 《집단기억의 파괴》, 나현영 옮김, 알마, 2012
- 파올로 코시, 《메즈 예게른》, 이현경 옮김, 미메시스, 2011
- Louis Paul Lochner, *What About Germany?*, Dodd, Mead & Company, 1942
  babel.hathitrust.org/cgi/pt?id=mdp.39015012841279&view=1up&seq=10

신문기사

- 〈오르한 파묵을 가두지 말라〉, 《한겨레21》 온라인 2005.12.28.
  h21.hani.co.kr/arti/world/world_general/15749.html
- 〈터키 노벨상 작가 파묵, 신변 위협 받고 미국행〉, 〈연합뉴스〉 2007.2.11.
  n.news.naver.com/mnews/article/001/0001545528?sid=104
- 〈프란치스코 교황 터키의 아르메니아 대학살 비난, 터키 강력 반발〉, 〈세계일보〉 2015.4.13.
  www.segye.com/newsView/20150413000380?OutUrl=naver
- 〈튀르키예, '35년 만 국경 개방' 아르메니아에 "우정" 칭송〉, 〈뉴시스〉 2023.2.16.
  newsis.com/view/?id=NISX20230216_0002195590&cID=10103&pID=10100

온라인 자료

- 2016년 4월 22일 백악관 성명

obamawhitehouse.archives.gov/the-press-office/2016/04/22/statement-president-armenian-remembrance-day

- 2021년 4월 24일 백악관 성명
www.whitehouse.gov/briefing-room/statements-releases/2021/04/24/statement-by-president-joe-biden-on-armenian-remembrance-day/

- 영문 위키피디아 '히틀러의 오버잘츠베르크 연설' 항목
en.wikipedia.org/wiki/Hitler%27s_Obersalzberg_Speech

2장. 죽음 공장

출판물

- 라울 힐베르크, 《홀로코스트 유럽 유대인의 파괴 2》, 김학이 옮김, 개마고원, 2008
- 로버트 S. 위스트리치, 《히틀러와 홀로코스트》, 송충기 옮김, 을유문화사, 2011
- 루돌프 회스, 《아우슈비츠 수용소장 헤스의 고백록》, 서석연 옮김, 범우사, 2006
- 밀턴 마이어, 《그들은 자신들이 자유롭다고 생각했다》, 박중서 옮김, 갈라파고스, 2014
- 서경식, 《시대의 증언자 쁘리모 레비를 찾아서》, 박광현 옮김, 창비, 2006
- 수전 손택, 《타인의 고통》, 이재원 옮김, 이후, 2004
- 조르조 아감벤, 《호모 사케르》, 박진우 옮김, 새물결, 2008
- _____. 《아우슈비츠의 남은 자들》, 정문영 옮김, 새물결, 2012
- 조엘 딤스데일, 《악의 해부》, 박경선 옮김, 에이도스, 2017

- 지그문트 바우만, 《현대성과 홀로코스트》, 정일준 옮김, 새물결, 2013
- 카지미에르 스몰렌, 《국립 오시비엥침 박물관 안내서》, 박상준 옮김, 2003
- 티머시 스나이더, 《블랙 어스》, 조행복 옮김, 열린책들, 2018
- 프리모 레비, 《이것이 인간인가》, 이현경 옮김, 돌베개, 2007
- _____. 《휴전》, 이소영 옮김, 돌베개, 2010
- _____. 《가라앉은 자와 구조된 자》, 이소영 옮김, 돌베개, 2014
- 한나 아렌트, 《예루살렘의 아이히만》, 김선욱 옮김, 한길사, 2006

온라인 자료

- 미국 홀로코스트 기념관 웹사이트 'HOLOCAUST ENCYCLOPEDIA' encyclopedia.ushmm.org/content/en/article/deportations-to-killing-centers
- 아우슈비츠-비르케나우 박물관 연례 보고서(PDF) auschwitz.org/en/museum/museum-reports/
- 영문 위키피디아
  'IG Farben' 항목 en.wikipedia.org/wiki/IG_Farben
  'AEG' 항목 en.wikipedia.org/wiki/AEG
  'Topf and Sons' 항목 en.wikipedia.org/wiki/Topf_and_Sons

3장. 킬링필드

출판물

- 수전 손택, 《타인의 고통》, 이재원 옮김, 이후, 2004
- 티에리 크루벨리에, 《자백의 대가》, 전혜영 옮김, 글항아리, 2012
- 필립 쇼트, 《폴 포트 평전》, 이혜선 옮김, 실천문학사, 2008
- Huy Vannak, *Bou Meng: A Survivor from Khmer Rouge Prison S-21*,

Documentation Center of Cambodia, 2010

· Joel Brinkley, *Cambodia's Curse: The Modern History of a Troubled Land*, PublicAffairs, 2011

신문기사

· 〈Siem Reap Market Fire Kills Eight〉, 〈The Cambodia Daily〉 2012.12.10.
  english.cambodiadaily.com/news/siem-reap-market-fire-kills-8-6531/

온라인 자료

· 세계은행 데이터 data.worldbank.org/indicator/DT.ODA.ODAT.CD?locations=KH

· 옥스퍼드 대학 빈곤·인간개발계획 GMPI 2018 보고서
  ophi.org.uk/wp-content/uploads/G-MPI_2018_2ed_web.pdf

· 유니세프 캄보디아 아동빈곤 보고서
  www.unicef.org/cambodia/media/1496/file/Child%20poverty%20report%20in%20Cambodia_Full%20Report_Eng.pdf

· 유네스코 통계국 캄보디아 교육 관련 데이터
  data.un.org/Data.aspx?q=cambodia+education+rate&d=UNESCO&f=series%3aNER_1%3bref_area%3aKHM
  data.un.org/Data.aspx?q=cambodia+education+rate&d=UNESCO&f=series%3aDR_1%3bref_area%3aKHM

· 영문 위키피디아
  '킬링필드' 항목 en.wikipedia.org/wiki/Killing_Fields
  '투올슬렝 제노사이드 박물관' 항목 en.wikipedia.org/wiki/Tuol_Sleng_Genocide_Museum

4장. 보스니아 내전의 상흔

출판물

- 레베카 크누스, 《20세기 이데올로기, 책을 학살하다》, 강창래 옮김, 알마, 2012
- 로버트 베번, 《집단기억의 파괴》, 나현영 옮김, 알마, 2012
- 리처드 오벤든, 《책을 불태우다》, 이재황 옮김, 책과함께, 2022
- 마크 마조워, 《발칸의 역사》, 이순호 옮김, 을유문화사, 2006
- 매슈 배틀스, 《도서관, 그 소란스러운 역사》, 강미경 옮김, 넥서스 BOOKS, 2004
- 수전 손택, 〈사라예보에서 고도를 기다리며〉, 〈'그곳'과 '이곳'〉, 《강조해야 할 것》, 김유경 옮김, 시울, 2006
- _____. 〈우리가 코소보에 와 있는 이유〉, 《타인의 고통》, 이재원 옮김, 이후, 2004
- 피터 마스, 《네 이웃을 사랑하라》, 최정숙 옮김, 미래의창, 2002

신문기사

- 〈The New York Times〉 아카이브, 1994.12.30. p.14. 부고
- 〈"유고 대학살 우리 군이 방조했다" 네덜란드 내각 총사퇴〉, 〈중앙일보〉 2002.4.18.

  www.joongang.co.kr/article/4262397#home
- 〈보스니아 대통령, 한트케 노벨 문학상 선정 반대〉, 〈뉴시스〉 2019.10.11.

  newsis.com/view/?id=NISX20191011_0000796200
- 〈터키 "인종학살 옹호 노벨 문학상 수상자 안 돼"〉, 〈뉴시스〉 2019.12.8.

  newsis.com/view/?id=NISX20191208_0000853424
- 〈한트케, 노벨 문학상 수상… 전범 옹호 비난에 침묵〉, 〈뉴시스〉

2019.12.11.

newsis.com/view/?id=NISX20191211_0000856880&cID=10101&
pID=10100

온라인 자료

· Research and Documentation Center(RDC), *The Bosnian Book of the Dead*, 2013

  www.mnemos.ba/en/home/Download

· 네덜란드 전쟁기록연구소(NIOD) 스레브레니차 보고서
  www.niod.nl/en/publications/srebrenica

· 유엔 보고서 "Study of the battle and siege of Sarajevo"
  web.archive.org/web/20140302163248/http://www.ess.uwe.
  ac.uk/comexpert/ANX/VI-01.htm

· 유네스코 한국위원회 '모스타르 옛 시가지의 다리' 항목
  heritage.unesco.or.kr/%EB%AA%A8%EC%8A%A4%ED%83%80%EB%A5%B4-
  %EC%98%9B-%EC%8B%9C%EA%B0%80%EC%A7%80%EC%9D%98-
  %EB%8B%A4%EB%A6%AC/

· 영문 위키피디아
  '사라예보 터널' 항목 en.wikipedia.org/wiki/Sarajevo_Tunnel
  '스타리모스트' 항목 en.wikipedia.org/wiki/Stari_Most

5장. 사라진 사람들

출판물

· 리카르도 라고스, 《피노체트 넘어서기》, 정진상 옮김, 삼천리, 2012
· 빅터 피게로아 클라크, 《살바도르 아옌데: 혁명적 민주주의자》, 정인
  환 옮김, 서해문집, 2016

- 살바도르 아옌데 외, 《기억하라, 우리가 이곳에 있음을》, 정인환 옮김, 서해문집, 2011
- 수 로이드 로버츠, 《여자 전쟁》, 심수미 옮김, 클, 2019
- 토머스 E. 스키드모어 외, 《현대 라틴아메리카》, 우석균 외 옮김, 그린비, 2014
- 파블로 네루다, 《네루다 시선》, 정현종 옮김, 민음사, 2007
- _____. 《파블로 네루다 자서전》, 박병규 옮김, 민음사, 2008
- _____. 《모두의 노래》, 고혜선 옮김, 문학과지성사, 2016
- 프리실라 B. 헤이너, 《국가폭력과 세계의 진실위원회》, 주혜경 옮김, 역사비평사, 2008

신문기사

- 〈멕시코 법원, '대학생 43명 실종사건' 관련 83명 체포영장〉, 〈경향신문〉 2022.8.21.

  www.khan.co.kr/world/america/article/202208211551001
- 〈'8년 전 오늘' 멕시코 43명 실종 교대생 가족 "정의, 어디 있나"〉 〈연합뉴스〉 2022.9.27.

  www.yna.co.kr/view/AKR20220927049500087?input=1195m
- 〈Pablo Neruda: Experts say official cause of death 'does not reflect reality'〉, 〈The Guardian〉 2017.10.23.

  www.theguardian.com/books/2017/oct/23/pablo-neruda-experts-say-official-cause-of-death-does-not-reflect-reality

영상 자료(다큐멘터리)

- 파트리시오 구스만 감독, 〈빛을 향한 노스탤지어〉, 2010
- _____. 〈자개단추〉, 2015

온라인 자료

- 칠레 진실과 화해 국가위원회 보고서(영문 PDF)
  www.usip.org/sites/default/files/resources/collections/truth_
  commissions/Chile90-Report/Chile90-Report.pdf
- 세계인권선언
  amnesty.or.kr/about/%EC%9D%B8%EA%B6%8C%EC%9D%B4%
  EB%9E%80/%EC%84%B8%EA%B3%84%EC%9D%B8%EA%B6%8
  C%EC%84%A0%EC%96%B8/
- 기억과 인권 박물관 건축
  www.architonic.com/en/project/estudio-america-museum-of-
  memory-and-human-rights/5100625
  www.plataformaarquitectura.cl/cl/611010/museo-de-la-memoria-
  estudio-america
- 유엔인권최고대표사무소 2022년 5월 17일 성명
  www.ohchr.org/en/statements/2022/05/mexico-dark-landmark-
  100000-disappearances-reflects-pattern-impunity-un-experts
- 오월 광장의 할머니회 웹사이트 abuelas.org.ar
- 영문 위키피디아
  '기억과 인권 박물관' 항목 en.wikipedia.org/wiki/Museum_of_
  Memory_and_Human_Rights
  '콘도르 작전' 항목 en.wikipedia.org/wiki/Operation_Condor
  '오월 광장의 어머니들' 항목 en.wikipedia.org/wiki/Mothers_of_
  the_Plaza_de_Mayo

6장. 새기지 못한 비석

출판물

· 박래군,《우리에겐 기억할 것이 있다》, 클, 2020
· 박찬식,《4.3과 제주역사》(개정증보판), 각, 2018
· 유홍준,《나의 문화유산 답사기 7》, 창비, 2012
· 제민일보4.3취재반,《4.3은 말한다》1~5권, 전예원, 1994~1998
· 제주4.3사건 제50주년 학술문화사업추진위원회 편,《잃어버린 마을을 찾아서》, 학민사, 1998
· 제주4.3연구소 편,《4.3과 여성, 그 살아낸 날들의 기록》, 각, 2019
· 최호근,《기념의 미래》, 고려대학교출판문화원, 2019
· 허영선,《당신은 설워할 봄이라도 있었겠지만》, 마음의숲, 2019
· 현기영,《순이 삼촌》, 창비, 2015(전자책)

온라인 자료

· 제주 4.3평화재단 웹사이트에서〈제주 4.3사건 진상조사보고서〉(2003)를 비롯해 4.3사건 관련 다양한 자료를 다운받을 수 있다. jeju43peace.or.kr/kor/sub01_01_01.do

다크투어, 내 여행의 이름

Dark Tour, My Own Journey

ⓒ 양재화 , Printed in Korea

1판 2쇄 2024년 5월 30일
1판 1쇄 2023년 5월 30일
ISBN 979-1189385-40-8

지은이. 양재화
펴낸이. 김정옥

편집. 김정옥, 조용범, 눈씨
마케팅. 황은진
디자인. 나침반
종이. 한승지류유통
제작. 정민문화사

펴낸곳. 도서출판 어떤책
주소. 03706 서울시 서대문구 성산로 253-4 402호
전화. 02-333-1395
팩스. 02-6442-1395
전자우편. acertainbook@naver.com 홈페이지. acertainbook.com
페이스북. www.fb.com/acertainbook 인스타그램. www.instagram.com/acertainbook_official

후원해 주신 분들

Jess JH JYP momo Romi 강경민 강미경 강병석 강유정 강은혜 강진희 고등학교친구_성민 고민아 골든댕댕이 공일이사 곽상민 구자건 금정연 길주연 김다인 김달님 김대현 김맹심 김병선 김보경 김서현 김선영 김성연 김소연 김승호 김영순 김영환 김유진 김재완 김정희 김현정 김효민 김희정 나영환 남서하 너부리랑배팔삼 달콤한초콜릿멜로디 대박녀 레나_이동은 령은 류은미 류혜나 만두만세 맑은차 문환이 민이 바구니 바다아빠 박은경 박지영 박진주 박혜미 박희웅 서진영 선하 성미라 성혜현 세연 소양 소월 손민기 송진희 쉬리언덕 신연선 신용영 신현정 심재수 아리송 양선화 우승진 이가희 이민규 이상호 이유민 이유선 이은진(샘물) 이전규 이준영 이하림 이한솔 이해인 이현자 이혜원 이혜진 이호영 임소운 임혜지 장현진 전미진 전민영 전성이 정(씨)직원 정경빈 정다형 정영훈 정예람 정윤지 정재경 정종연 정종철 조덕상 조선영 조윤경 조은경 주미란 지혜빈 진다솜 쭌지안맘 ㅊㅈㅅ 최난경 최민정 최상훈 최소영 최승현 최영진 최영태 최지인 탕무 판교매직걸 하상민 한수희 한예진 헬북 헬친 홍상희 홍예진과함께 황선용 황진상 황현주 황혜선 흔젠 외 24명. 후원해 주신 모든 분께 감사드립니다.

어떤책의 책들

안녕하세요, 어떤책입니다. 여러분의 책 이야기가 궁금합니다.

홈페이지 acertainbook.com
페이스북 www.fb.com/acertainbook
인스타그램 www.instagram.com/acertainbook_official

점선을 따라 가위로 오려서 보내 주세요. 우표 없이 우체통에 넣으시면 됩니다. ✂

보내는분

이메일

주소

이름

03706 서울시 서대문구 성산로 253-4 402호

a
certain
book

도서출판 어떤책

우편요금
수취인후납
발송승인후납
2023.7.1~2025.6.30
서대문우체국
제40454호

저희 책을 읽어 주셔서 감사합니다. 독자엽서를 보내 주시면 지난 책을 돌아보고 새 책을 기획하는 데 참고하겠습니다.

1. 《다크투어, 내 여행의 이름》을 구입하신 이유는 무엇인가요?

2. 구입하신 서점

3. 이 책에서 특별히 인상 깊은 부분이 있다면 무엇인가요?

4. 양재화 작가에게 하고 싶은 말씀이 있다면 들려주세요. 대신 전해 드립니다.

5. 출판사에 하고 싶은 말씀이 있다면 들려주세요.

보내 주신 내용은 어떤체 SNS에 무기명으로 인용될 수 있습니다. 이해 바랍니다.